LE SECRÉTAIRE
DE
LA COUR IMPÉRIALE
DE FRANCE.

De l'Imprimerie de HOCQUET, rue du faubourg Montmartre, n°. 4.

E

és à
esses
aux
urs,
des
les,
sur

tte,
le
s et
ale;
rens
tion
des
ues
ens
en
ui-

de

1813.

ARMES DE LA NOBLESSE DE FRANCE.

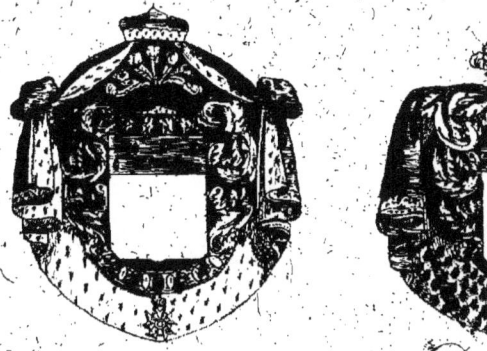

Princes Grands Dignitaires.   Ducs français.

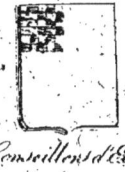

Comtes Sénateurs.   Ministres.   Conseillers d'État.

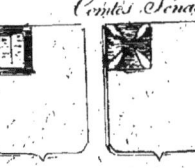

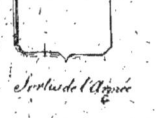

Prés.d du Corps Législatif.   Archevêques.   Sortis de l'Armée.   Barons Sortis de l'Armée.   Évêques.   Chevaliers.

Barons

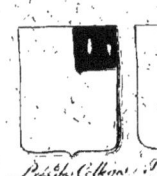

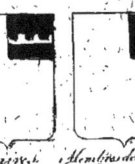

Prés.d du Collège Électoraux.   Prés.t de Cour d'Appel.   Procur. Impér.l de Cour d'Appel.   Maires.   Membres des Collèges Électoraux.

Chevaliers.

LE SECRÉTAIRE
DE
LA COUR IMPÉRIALE
DE FRANCE,

Ou Modèles de Pétitions, Lettres et Placets adressés à l'Empereur, à l'Impératrice, aux Princes et Princesses de la Famille impériale, aux grands Dignitaires, aux Ministres, aux Maréchaux de l'Empire, aux Sénateurs, aux Conseillers d'État, aux Préfets, aux Présidens des Cours de justice, aux Cardinaux, aux Archevêques, aux Évêques, etc., Suivis de modèles de Lettres sur divers sujets, pour toutes les classes de la Société.

On trouve dans cet ouvrage, 1°. une instruction sur l'Étiquette; 2°. une Notice relative à la réception des Ambassadeurs; 3°. le cérémonial observé à la Cour à l'occasion des naissances et des mariages des Princes et Princesses de la Famille impériale; 4°. une Notice historique sur l'origine de tous les différens titres de noblesse; 5°. tous les décrets relatif à la création d'une nouvelle Noblesse en France et à l'établissement des Majorats; 6°. Décret qui fixe les armoiries et livrées des Ducs et autres titulaires; 7°. les Décrets qui érigent les départemens de la Toscane et le gouvernement général au-delà des Alpes en grandes dignités de l'Empire; 8°. la liste complète des dignités qui ont changé le nom de leurs titulaires.

ORNÉ d'une Planche représentant les armes de la Noblesse de France.

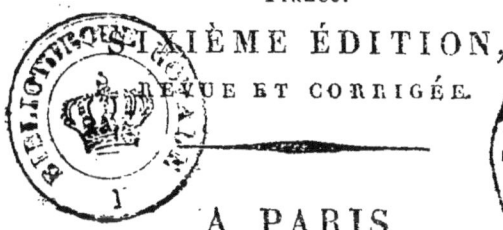

SIXIÈME ÉDITION,
REVUE ET CORRIGÉE.

A PARIS,

Chez BARBA, libraire, au Palais-Royal, derrière le Théâtre Français.

1813.

LE SECRÉTAIRE
DE
LA COUR IMPÉRIALE
DE FRANCE.

DE L'ÉTIQUETTE.

On appelle *Etiquette*, le code des usages et réglemens qui doivent être observés envers le Souverain, par les membres de sa famille et toutes les personnes qui sont attachées à son service, soit par leurs dignités, soit par leurs charges, soit par leurs fonctions. Les simples particuliers doivent également s'y assujétir dans leurs relations à l'égard des mêmes personnes, et de celles qui, par leur rang ou leur emploi, sont au-dessus d'eux, en observant, néanmoins, les gradations de convenance. C'est l'Etiquette qui règle les droits de préséance, les honneurs à rendre aux autorités constituées et aux étrangers dans la réception qui leur est faite à la Cour; les

Sixième edition.

distinctions accordées à tel ou tel individu; les cérémonies qui ont lieu dans telles ou telles circonstances, et les formules exigibles en écrivant aux Princes et aux autorités constituées. Enfin l'Etiquette ajoute à l'éclat du Trône, et trace la ligne de démarcation qui doit exister, dans tout état bien policé, entre les ordres supérieurs et les ordres inférieurs.

Le but que nous nous sommes proposé dans cette partie de notre ouvrage, n'a été que de donner des instructions sur la manière dont on doit écrire aux personnes constituées en dignités, et d'indiquer principalement les titres et qualités que l'on doit leur donner dans les placets, lettres ou pétitions qu'on veut leur adresser. Nous ferons précéder les modèles que nous allons offrir au public, de quelques observations importantes sur le cérémonial et sur l'Etiquette à suivre dans certaines circonstances.

EXTRAIT DU CÉRÉMONIAL DU PALAIS.

Des Présentations.

Art. 1er. Les jeudis et dimanches, après

(3)

la messe, il y a dans la salle du Trône un grand lever, à la suite duquel S. M. admet les présentations qui sont de plusieurs espèces.

2. Lorsqu'une ville, un département, ou une corporation quelconque, demande à être présenté à l'Empereur, c'est une simple présentation. Les Chambellans envoient la demande au Ministre dans les attributions duquel peut se trouver la députation à présenter, et en rendent compte à S. M. C'est au Ministre qu'il appartient de présenter la députation à un des levers du jeudi ou du dimanche, à moins que S. M. ne veuille la recevoir en secret pour des motifs particuliers.

3. Les individus nommés à une des grandes fonctions nationales, aux places de service d'honneur de LL. MM. de celui des Princes et Princesses, d'Ambassadeur ou Ministre dans les Cours étrangères, ou aux emplois de Général, Colonel, Président de collège électoral, et arrondissement, Membre de collège électoral de département, Évêque, Préfet, Maire d'une des cinquante principales villes, Président et Procureur

impérial près les Cours d'appel ou de justice criminelle, et Président de consistoire, ont l'honneur d'être présentés à l'Empereur. Ces présentations sont faites à S. M. par le Chambellan de jour; elles peuvent l'être par un Prince, un Ministre, ou un grand Officier de la couronne. On doit s'adresser au Chambellan de jour, afin d'obtenir l'agrément de S. M. pour lui être présenté; le secrétaire de la chambre tient un registre où sont inscrites toutes les personnes présentées.

Les mêmes personnes désignés dans l'article précédent, qui arrivent à Paris, ou qui en partent, peuvent être présentées à S. M. à leur arrivée et à leur départ.

5. Les étrangers sont présentés à S. M. au cercle diplomatique, par les Ambassadeurs ou Ministres, ou bien au lever des jeudis et dimanche, par le Ministre des Relations extérieures.

6. Les dames sont présentées à S. M. au cercle du dimanche, après la messe, dans l'appartement ordinaire de l'Empereur.

Les dames étrangères peuvent aussi être présentées à S. M., au cercle du dimanche;

mais elles ne le sont qu'après avoir été présentées à S. M. l'Impératrice.

Ces présentations sont faites à l'Empereur par la Dame d'honneur ou la Dame d'atour, ou une des dames du Palais, ou des Princesses, ou par une Dame épouse d'un des grands Officiers de l'Empire.

La Dame qui demande à être présentée, s'adresse à l'une des Dames par qui la présentation doit être faite ; celle-ci, pour en obtenir la permission de l'Empereur, s'adresse au Chambellan de jour.

Les Dames épouses des Fonctionnaires désignés ci-dessus, (art. 3.) ont le droit d'être présentées.

7. Toutes autres personnes que celles désignées dans les articles précédens, peuvent demander à être présentées : et si S. M. l'agrée, elles le sont à un des levers du jeudi ou le dimanche, avant la messe.

8. Après les présentations, le Chambellan de jour fait entrer toutes les personnes auxquelles S. M. a accordé une audience.

9. Les personnes qui doivent prêter serment entre les mains de S. M., le prêtent à un des levers du jeudi ou du dimanche.

10. Les présentations à l'Impératrice ont lieu à son lever, de la même manière que pour l'Empereur, et après les grandes entrées.

11. Les présentations ont lieu chez les Princes et Princesses de la même manière et au jour qu'ils indiquent.

12. Les Ministres et les grands Officiers de l'Empire, les Ambassadeurs, Ministres et Étrangers, les membres du Sénat et du Conseil d'Etat, le président du Corps législatif, sont présentés aux Princes et Princesses, lorsqu'ils l'ont été à LL. MM.

13. Lorsque les personnes désignées dans les articles précédens auront été présentées à LL. MM. pour leur départ, elles doivent éviter de se trouver dans les endroits où l'Empereur et l'Impératrice pourraient aller.

Les Chambellans ou Maîtres des cérémonies ont soin d'en prévenir LL. AA. II., les Ministres et les grands Officiers de l'Empire.

Observations générales sur les Présentations.

On ne peut être présenté à la Cour qu'après en avoir demandé et obtenu l'ordre des Chambellans de service.

Toute personne admise aux audiences de Leurs Majestés, entre dans le premier salon du grand appartement.

Lorsque l'on traverse la salle du Trône, on doit saluer le Trône en passant devant.

Les présentations ont ordinairement lieu à un des levers du jeudi ou du dimanche, après la messe.

Tous les fonctionnaires civils et militaires doivent être revêtus de leur grand uniforme ou costume, lorsqu'ils viennent au Palais. Les membres de la Légion d'honneur ou de tout autre Ordre doivent porter la décoration, et ne pas se borner au simple ruban

Toutes personnes admises aux cercles qui ont lieu dans les grands appartemens, soit le matin, soit le soir, si l'Empereur prend son costume, doivent avoir le grand costume de leur charge. Les dames y paraissent en habit de cour.

Lorsque la Cour est en deuil, aucune personne, même celles qui demandent audience et qui ne sont pas présentées, ne peut y paraître sans être en deuil.

Hors le tems où la Cour est en grand deuil, personne ne peut s'y présenter en grand deuil, sans en avoir obtenu la permission de sa Majesté. Les personnes admises au jeu de l'Empereur ne se lèvent point et n'interrompent point leur jeu quand Sa Majesté parcourt les salons; mais si l'Empereur s'approche et leur fait l'honneur de leur adresser la parole, elles doivent se lever et se tenir debout tant qu'il leur parle.

Quand l'Impératrice quitte son jeu et parcourt les salons, tout le monde doit se lever.

Cérémonial de la Cour de Sa Majesté l'Empereur et Roi, pour la reception des Ambassadeurs, des Ambassadrices et Ministres étrangers.

Dès qu'un Ambassadeur est arrivé, il doit en informer le Ministre des relations extérieures, et lui demander son jour et son heure pour le visiter et lui donner copie de ses lettres de créance; le Ministre ira lui rendre sa visite.

Lorsque le Ministre a reçu cette visite,

et a pris les ordres de l'Empereur, il en instruit le Grand-Maître des cérémonies, et l'avertit que Sa Majesté est dans l'intention de recevoir l'Ambassadeur.

Le Grand-Maître, après avoir pris les ordres de l'Empereur, en informe l'Archichancelier d'état; il fait ensuite prévenir l'Ambassadeur, par un Maître ou un Aide des cérémonies, qu'il ira le voir et lui donner connaissance du jour de son audience, et du cérémonial qui doit y être observé. Lorsqu'il fait cette visite, l'Ambassadeur va au-devant de lui, hors de son cabinet, et lui donne la droite.

L'Ambassadeur lui rend sa visite, et est reçu de la même manière et avec les mêmes honneurs.

L'Ambassadeur va ensuite visiter le Prince Archichancelier d'état, après avoir demandé son heure; l'Archichancelier lui rend sa visite.

Le jour fixé pour l'audience, un maître et un aide des cérémonies vont, avec trois voitures de la Cour, chercher l'Ambassadeur pour le conduire au Palais, dans la salle des Ambassadeurs.

1*

Dans la première voiture se place l'Aide des cérémonies, secrétaire à l'introduction des Ambassadeurs.

Dans la seconde, l'Ambassadeur, au fond de la voiture; et sur le devant, le Maître des cérémonies, introducteur des Ambassadeurs.

Dans la troisième, les officiers de la suite de l'Ambassadeur.

Le Grand-Maître, à l'heure fixée pour l'audience, va chercher l'Ambassadeur; il se place à sa droite, le maître des cérémonies à sa gauche, l'aide des cérémonies en avant, précédé par les huissiers.

La garde prend les armes et borde la haie; le colonel-général de la garde reçoit l'Ambassadeur à la porte de la salle de gardes, il lui est présenté par le Grand-Maître des cérémonies, et le Colonel général de la garde, qui partagent tous deux la droite de l'Ambassadeur.

On ouvre les deux battans de toutes les portes.

L'Empereur se tient dans son cabinet, ayant derrière lui les Princes qu'il désigne, et à quelque distance, à droite et en arrière de Sa Majesté, l'Archichancelier d'état, le Grand-Chambellan et le Ministre des relations extérieures.

Le Grand-Maître, après avoir annoncé à Sa Majesté que l'Ambassadeur est à la porte de son cabinet, va chercher l'Ambassadeur pour l'y introduire, et entre avec le colonel-général ; le Grand-Chambellan vient au-devant de lui ; le Maître et l'Aide des cérémonies restent en dehors à la porte du cabinet.

L'Ambassadeur, en entrant, fait trois révérences à Sa Majesté ; l'Archichancelier d'état le présente.

L'Ambassadeur prononce son discours, et présente ses lettres de créances à Sa Majesté, qui les remet au Ministre.

Lorsque l'Empereur congédie l'Ambassadeur, celui-ci se retire sans se retourner, et il est reconduit avec les mêmes formalités qu'à son arrivée.

Le Grand-Maître prévient le Chambellant, introducteur des Ambassadeurs près Sa Majesté l'Impératrice, de l'arrivée de l'Ambassadeur et de l'audience qui lui a été accordée par l'Empereur.

Le Chambellan en informe la Dame d'honneur, qui prend les ordres de l'Impératrice : ces ordres sont communiqués à l'Ambassadeur par le Chambellan introducteur, qui va le visiter, et qui l'accompagne lorsqu'il vient chez Sa Majesté.

L'Ambassadeur, avant son audience, rend visite à la Dame d'honneur.

Le jour fixé, un Chambellan le reçoit au bas de l'escalier, le Chevalier d'honneur, dans la pièce qui précède le cabinet où se tient l'Impératrice : la Dame d'honneur va au-devant de lui et le présente à Sa Majesté, et il observe à cette audience, pour entrer, sortir et saluer, les mêmes formalités qu'à l'audience de l'Empereur.

Le même jour où l'Ambassadeur a eu son audience de l'Empereur, il va visiter leurs AA. SS. les Princes grands dignitaires de l'Empire; ils vont au-devant de lui hors la porte de leur cabinet, et lui donnent la droite; ils lui rendent après leur visite, et sont pareillement reçus par lui.

Le Grand Maître fait prévenir, par un maître des cérémonies, les Dames d'honneur et les premiers Chambellans des Princesses et Princes de la famille impériale, que l'Ambassadeur a eu son audience de l'Empereur. Les premiers Chambellans et les Dames d'honneur prennent les ordres des Princes et Princesses, et informent l'Ambassadeur du jour et de l'heure auxquels ils le recevront : un Chambellan les visite.

Le jour fixé, les officiers des Princes et des Princesses le reçoivent au bas de l'escalier : la Dame d'honneur et le premier Chambellan, dans la pièce qui précède le cabinet.

Le premier Chambellan, chez les Princes, la Dame d'honneur chez les Princesses, le présente ; l'Ambassadeur, en sortant, est reconduit comme à son arrivée.

Dans les huit jours qui suivent celui où l'Ambassadeur a eu audience de Sa Majesté, il fait prévenir, par des billets imprimés, qu'ayant eu son audience de l'Empereur, il recevra pendant trois jours qu'il désignera, et aux heures indiquées, les Ministres, les grands Officiers de l'Empire, les Officiers des maisons de LL. MM., et ceux des Princes et Princesses de la famille impériale : un maître des cérémonies sera chargé de distribuer ces billets.

L'Ambassadeur rendra visite aux personnes qu'il aura reçues ; il ira rendre visite aux Dames : la liste des visites qu'il doit rendre lui sera remise par le Maître des cérémonies.

Lorsqu'une Ambassadrice arrivera, le Ministre des relations extérieures, ainsi que le Grand-Maître des cérémonies, iront lui rendre visite. L'Ambassadrice ira rendre visite à la femme du Ministre des relations extérieures et à la Dame d'honneur de l'Impératrice.

Le Grand-Maître prendra les ordres de l'Empereur pour le jour et l'heure de l'audience.

Le Grand-Maître fera connaître à l'Ambassadrice la Dame désignée pour l'accompagner : la Dame désignée ira voir l'Ambassadrice.

Le jour indiqué pour l'audience, la Dame désignée ira chercher l'Ambassadrice avec un Maître, un Aide des cérémonies et trois voitures de la Cour : dans la première voiture seront placés le Maître et l'Aide des cérémonies; dans la seconde, l'Ambassadrice, ayant à sa gauche la Dame désignée pour l'accompagner; dans la troisième, les officiers de l'ambassade.

Arrivée dans le salon, le Grand-Maître la viendra chercher et l'introduira dans le cabinet de l'Empereur; le grand Chambellan viendra au-devant d'elle : elle fera en entrant, trois révérences. La Dame qui l'accompagne la présentera à Sa Majesté : après cette audience, elle se retirera en faisant trois révérences, et sera reconduite comme à son arrivée.

Le Grand-Maître ayant informé de cette audience le Chambellan introducteur de Sa Majesté l'Impératrice, la Dame d'honneur prendra les ordres de Sa Majesté, les fera connaître par le Chambellan introducteur à l'Ambassadrice et à la Dame qui doit l'accompagner, et elle sera reçue chez l'Impératrice, et présentée comme il a été dit pour la réception de l'Ambassadeur.

L'Ambassadrice se fera présenter, ainsi que l'Ambassadeur, aux Princes et Princesses de la famille impériale, qui en seront avertis et qui lui donneront leur jour, ainsi qu'il a été dit pour l'Ambassadeur : elle visitera les grands Dignitaires, qui lui rendront leur visite.

Ces formes remplies, elle fera publier, de même que l'Ambassadeur, qu'elle recevra, pendant trois jours désignés, et aux heures indiquées, les Ministres, les grands Officiers de l'Empire, les Officiers de la maison de Leurs Majestés, ceux des Princes et Princesses, et leurs femmes, ainsi que les Dames du Palais de Sa Majesté et celles des Princesses.

La Dame désignée pour l'accompagner, se tiendra près d'elle pendant les trois jours précités, et lui présentera les personnes qui viendront la visiter; après ces trois jours, l'Ambassadrice rendra visite aux Dames qu'elle aura reçues, en commençant par la Dame désignée pour l'accompagner.

Les Ministres plénipotentiaires et les Envoyés, après avoir visité le Ministre des relations extérieures, rendront visite au Grand-Maître des cérémonies.

Celui-ci, dès qu'il aura été informé par le Ministre, que Sa Majesté est dans l'intention de donner audience, prendra les ordres pour le jour et l'heure; il rendra visite ensuite au Ministre ou Envoyé, et lui donnera connaissance des intentions de Sa Majesté.

Le jour indiqué, le Ministre ou Envoyé, après avoir rendu visite à l'Archichancelier d'état, dont il aura pris l'heure, se rendra au palais dans le salon des Ambassadeurs : il sera conduit par un maître des cérémonies, dans les appartemens de l'Empereur, et sera introduit dans le cabinet par le Grand-Maître.

Sa présentation pourra aussi avoir lieu au lever de Sa Majesté, suivant les formes réglées pour les présentations.

Le Chambellan introducteur de Sa Majesté l'Impératrice, fera connaître au Ministre ou Envoyé les ordres que la Dame d'honneur aura reçus pour le jour de sa réception.

Le jour fixé il sera reçu, dans les appartemens de l'Impératrice par le même Chambellan, qui l'introduira, et il sera présenté par la Dame d'honneur.

Un Chambellan des Princes et Princesses de la famille impériale lui fera pareillement connaître le jour et l'heure où ils le recevront, d'après l'information donnée par le Grand-Maître, que l'audience de l'Empereur a eu lieu ; il sera reçu, introduit et présenté par le premier Chambellan chez les Princes, introduit par un Chambellan, et présenté par la Dame d'honneur chez les Princesses.

Il ira visiter les grands Dignitaires, après avoir pris leur jour.

Un maître des cérémonies lui donnera la liste des Ministres, des grands Officiers de l'Empire, des Officiers et Dames de la maison de Leurs Majestés et de celles des Princes et Princesses de la famille impériale ; il leur rendra visite.

Cérémonial observé lors du baptême du Prince NAPOLÉON-LOUIS, *à Saint-Cloud.* (Le 4 Germinal an 13. — 25 Mars 1805.)

Dispositions de la Chapelle.

L'extrémité de la galerie servira de Chapelle.

Devant l'autel on placera un fauteuil pour le Pape.

A droite de l'autel, du côté de l'Evangile, il y aura six tabourets pour les six Prélats du Pape.

A leur gauche, plus près de l'autel, les Prélats du second ordre.

A droite des Prélats, on placera un banc à dossier, richement couvert, pour neuf Cardinaux.

De l'autre côté de la chapelle, vis-à-vis les Cardinaux, on placera quinzes chaises pour les Archevêques et Evêques.

A six pieds en avant des marches de l'autel, on dressera sur un tapis une table richement couverte, sur laquelle seront placés les fonts, couverts en blanc, ou le vase qui doit en tenir lieu.

A droite et à gauche de cette table, il y aura deux crédences, l'une pour les honneurs, et l'autre pour les objets nécessaires à la cérémonie.

Au milieu de la chapelle et vis-à-vis les fonts, il sera placé deux fauteuils et deux prie-dieu pour le Parrain et la Marraine.

A droite de Sa Majesté, un fauteuil pour l'Impératrice, et trois chaises pour les Princesses.

A gauche du fauteuil de la Marraine, six chaises pour les Princes de la famille impériale et les Princes de l'Empire.

La chapelle sera convenablement ornée et tendue.

Dispositions des Appartemens.

Dans le salon bleu de l'Impératrice, il sera dressé, sur une plate-forme, un lit sans colonnes et surmonté d'un dais.

Au pied du lit on étendra un grand manteau d'étoffe riche doublé d'hermine, dans lequel on doit porter l'Enfant au baptême.

Dans la même chambre seront deux tables richement couvertes, destinées à recevoir, l'une les honneurs de l'Enfant, l'autre ceux des Parrain et Marraine : cette dernière sera plus richement parée que l'autre.

Les honneurs des Parrain et Marraine sont le bassin, l'aiguière et la serviette.

Ceux de l'Enfant sont le cierge, le chrémeau et la salière.

La serviette doit être placée sur un carreau d'étoffe d'or.

Tous les autres honneurs, hors le cierge, doivent être sur des plats d'or.

À droite du lit sera madame de *Viry*, Dame d'honneur de la Princesse *Louise*; et à gauche, madame de *Boubers*, faisant les fonctions de Gouvernante; la Sous-Gouvernante derrière elle.

Les Princes et Princesses de la famille impériale, les Princes de l'Empire, les grands Officiers de la couronne, les Dames qui doivent porter les quatre coins du manteau, et les Dames qui doivent porter les honneurs, se tiendront dans le salon bleu, où sera le lit; elles s'y réuniront à l'heure indiquée par le Grand-Maître des cérémonies.

Les Chambellans, Ecuyers, les Dames des Princesses qui ne sont pas de la cérémonie, seront dans le salon jaune; les autres personnes invitées seront dans le salon de Mars; les Ministres et les grands Officiers militaires, dans la salle du Trône.

M. le Grand-Aumônier ayant pris les ordres de Sa Majesté, de concert avec le Grand-Maître des cérémonies, ira chercher

Sa Sainteté dans son appartement, et la conduira dans la chapelle.

Le Grand-Maître des cérémonies, avec les autres grands Officiers de la couronne et le Colonel-Général de la garde de service, ira prendre les ordres de l'Empereur dans son cabinet.

Sa Majesté se rendra avec la Marraine dans le salon du lit, précédée par le Grand-Maître, le Grand-Ecuyer et le grand Maréchal, et suivi par le Colonel-Général de la garde, le Grand-Aumônier, le Grand-Chambellan et le Grand-Veneur.

A l'arrivée du Parrain et de la Marraine, l'Enfant sera découvert par madame *de Viry*, et par madame *de Boubers*.

La première lèvera l'Enfant et le remettra au Parrain, qui chargera madame *de Boubers* de le porter aux fonts.

Le Grand-Maître des cérémonies remettra la salière à madame *de Bouillé*.

Le chrémeau à madame *de Montalivet*.

Le cierge à madame la maréchale *Lannes*.

La serviette à madame *de Serent*;

L'aiguière à madame *Savary*;

Le bassin à madame *de Talhouet*.

Alors partiront, pour se rendre dans la galerie :

Les Princes de l'Empire, ceux de la famille impériale, précédés de leurs écuyers et suivis par leurs Chambellans.

Les Princesses, précédés par leurs Officiers, et suivis par leurs Dames;

L'Impératrice, que précéderont les Pages, les Ecuyers et les Chambellans de Sa Majesté. A la droite de l'Impératrice sera sa Dame d'honneur; et un peu en arrière, son premier Aumônier; à sa gauche, son premier Ecuyer, sa Dame d'atours et deux Officiers supésieurs de la garde : un Page portera la queue de la robe de Sa Majesté. Les Dames du palais marcheront derrière l'Impératrice.

Les Ministres et les grands Officiers militaires qui n'ont point de fonctions dans la cérémonie, suivront le cortège de l'Impératrice.

Celui de l'Empereur marchera ensuite dans l'ordre suivant.

Les Huissiers,

Les Hérauts d'armes,

Les Pages,

Les Aides des cérémonies,
Le Maître des cérémonies,
Les Ecuyers et les Préfets du Palais de Sa Majesté,
Les Chambellans de Sa Majesté,
Les Aides-de-camp de Sa Majesté,
L'Ecuyer, l'Aide-de-camp et le Chambellan de service.
Les honneurs dans l'ordre ci-après :
La salière
Le chrémeau,
Le cierge,
La serviette,
L'aiguière,
Et le bassin ;
L'Enfant ;
Mesdames les Maréchales *Bernadotte*, *Bessières*, *Davoust* et *Mortier*, portant les coins de son manteau ;
Le Grand-Maître des cérémonies, le Grand-Ecuyer et le Grand-Maréchal ;
L'Empereur, suivi du Colonel-Général de la garde, du Grand-Aumônier, du Grand-Chambellan, du Grand-Veneur, du Ministre des cultes, et des Colonels-Généraux de la garde qui ne sont pas de

service; à gauche de l'Empereur, Madame, mère de Sa Majesté, suivie de ses Dames et Officiers.

En entrant dans la chapelle, tout le cortège qui précède les honneurs, se rangera à droite et à gauche de la porte de la chapelle.

Les Dames qui portent les honneurs, avanceront et se rangeront à droite et à gauche des fonts baptismaux.

Les grands-Officiers se placeront derrière l'Empereur, hors le Grand-Aumônier, qui se placera entre les fauteuils du Parrain et de la Marraine, et le Grand-Maître des cérémonies, qui se tiendra en avant et à droite de l'Empereur.

Le Maître des cérémonies à gauche et en avant, les Aides de cérémonies ecclésiastiques se tiendront derrièrre le Grand-Aumônier et à portée de lui.

Les Officiers des Princes se tiendront derrière eux, et les Dames et les officiers des Princesses derrière Leurs Altesses.

Toutes les autres personnes assistant à la cérémonie, se tiendront dans la galerie, sans désignation de places.

Sixième édition.

Cérémonial ecclésiastique.

Les cérémonies religieuses du baptême se font ainsi qu'il suit :

On tiendra préparés,

Les huiles pour les onctions, du sel, du coton, un voile blanc, un cierge allumé, un vase et des linges pour essuyer les mains du Pontife.

Dès que l'Enfant, environné de ses Parrain et Marraine, arrivera à l'estrade de la galerie, Sa Sainteté se lèvera et se rendra à la balustrade; la tête couverte, il dira :

Quel Enfant présentez-vous à l'église ?

Les Parrain et Marraine répondront : Un garçon.

Est-il de cette paroisse ? — Oui.

Le Pontife. Que demande-t-il à l'église de Dieu ?

Les Parrain et Marraine. Le baptême.

Suivent plusieurs interrogations aux Parrain et Marraine ; une première invocation au Saint-Esprit; le signe de la croix imprimé sur le front de l'Enfant ; plusieurs oraisons.

L'exorcisme et la bénédiction du sel, l'introduction de quelques grains dans la bouche de l'Enfant, et plusieurs oraisons la tête découverte.

L'exorcisme du démon, la main étendue sur la tête de l'Enfant, et le signe de la croix sur le front de l'Enfant.

Une oraison.

Le Pontife pose la main sur la tête de l'Enfant; les Parrain et Marraine portent la main droite sur la tête de l'Enfant, sans la toucher; le Pontife, la tête découverte, récite une prière.

Il prend de la salive avec le pouce de la main droite, et il l'applique sur les oreilles de l'Enfant, ensuite sur les narines, en prononçant quelques paroles, auxquelles il ajoute un exorcisme.

L'Enfant est alors introduit dans le sanctuaire avec une prière que le Pontife lui adresse nominalement.

Il demande aux Parrain et Marraine de réciter, auprès des fonts baptismaux, le symbole de la foi et le *Pater*.

Pendant ce tems, le Pontife, la tête découverte, prépare tout pour les onctions:

on découvre la tête, la poitrine et les épaules de l'Enfant; le Pontife fait plusieurs interrogations à l'Enfant, en l'appelant par son nom. Il fait ensuite la première onction avec l'huile des cathécumènes, sur la poitrine et entre les épaules, en essuyant chaque onction aussitôt qu'elle est faite, et récitant des prières.

Il interroge ensuite l'Enfant sur sa foi, en l'appelant par son nom : les Parrain et Marraine répondent.

Il fait l'onction avec le saint-chrême, en forme de croix, sur la tête de l'Enfant.

Il pose un voile blanc sur sa tête, il donne un cierge allumé au Parrain, et, après s'être lavé les mains, il place l'étole en forme de croix sur la tête de l'Enfant; il récite l'évangile de Saint-Jean, il donne la bénédiction à l'Enfant, et lui fait baiser l'étole.

La Dame d'honneur décoiffera l'Enfant, et le servira aux fonts.

Après le baptême, le Grand-Chambellan et le Grand-Maréchal donneront à laver au Parrain et à la Marraine.

L'Enfant sera reconduit au salon du lit,

dans le même ordre qui a été observé pour se rendre à la chapelle.

Programme des Cérémonies observées lors du Mariage de S. A. E. le Prince de Bade avec S. A. I. la Princesse Stéphanie-Napoléon. *(7 avril 1806.)*

Le lundi 7 avril 1806, à huit heures du soir, les Ministres, les grands Officiers civils et militaires, les Officiers et Dames de la maison de l'Empereur et de l'Impératrice, et des maisons des Princes et Princesses ; les membres du Sénat et du Conseil-d'Etat, les Présidens du Corps-Législatif et du Tribunat, et les personnes qui auront reçu une invitation du Grand-Maître des cérémonies, se rendront dans la galerie de Diane, qui sera disposée pour la cérémonie des fiançailles et la signature du contrat de mariage.

On placera, à cet effet, au milieu et au fond de la galerie, deux fauteuils surmontés d'un dais pour Leurs Majestés Impériales ; deux plians sur la dernière marche de l'estrade, à droite et à gauche, devant Leurs Majestés, pour S. A. E. le Prince de

Bade et S. A. I. la Princesse STÉPHANIE-NAPOLÉON ; d'autres plians des deux côtés du trône, pour les Princesses et les Princesses ; au bas de l'estrade, devant les fauteuils de Leurs Majestés, une table couverte d'un riche tapis, et un encrier sur la table.

Les Maîtres et aides de cérémonies feront placer tout le monde dans l'ordre observé pour les concerts.

Sa Majesté l'Impératrice, accompagnée de sa Dame d'honneur, de sa Dame d'atours et de ses quatre Dames de service, la Princesse STÉPHANIE-NAPOLÉON, accompagnée de sa Dame d'honneur, se réuniront dans le salon de l'Empereur.

Les Princes, les Princesses et le Prince électoral de Bade, ainsi que les commissaires et les témoins de Bade, se réuniront dans la salle du trône.

Tout le monde étant placé dans la galerie de Diane, le Grand-Maître, le Colonel-Général de la garde, les grands Officiers de la Couronne, iront chercher les Princes, Princesses et témoins qui entreront dans le salon ; ils précéderont ensuite

(8)

Leurs Majestés, qui se rendront dans la galerie de Diane, dans l'ordre suivant :

Le Chambellan de l'Impératrice de service ;

Les Commissaires et Témoins de Bade,
Le Prince de Bade,
Les Princesses,
L'Impératrice,
Les Dames,
Un Aide et un Maître de cérémonies,
Le Grand-Maître, le Grand-Maréchal et le Grand-Écuyer,
Les Princes,
La Princesse STÉPHANIE,
L'Empereur,
Le Colonel-Général de la garde,
Le Grand-Chambellan, le Grand-Veneur,
Les Dames d'honneur de la Princesse.

Leurs Majestés Impériales se placeront sur leurs fauteuils, la Princesse STÉPHANIE-NAPOLÉON sur le pliant du côté de l'Impératrice ; et le Prince électoral sur celui du côté de l'Empereur. Les Princes et autres personnes qui auront formé le cortége de Leurs Majestés, iront occuper leurs places ordinaires; les Princes du côté de l'Empereur, derrière eux les grands Officiers, les commissaires et témoins de Bade, du côté du Prince, les témoins de la Princesse, du côté où elle sera placée; les Princesses à la gauche de l'Impératrice, derrière elle les Dames d'honneur, la Dame d'atours, les Dames du palais, et à droite et à gauche successivement, les Officiers et les Dames de la maison de Leurs Majestés et de celles des Princes.

L'Empereur étant assis, le Grand-Maître prendra les ordres de Sa Majesté; un Maître des cérémonies ira avertir le Ministre Secrétaire d'Etat, et M. *de Reiseinstein*, faisant les fonctions de Secrétaire d'Etat pour le Prince de Bade; il se rendra auprès de la table placée devant l'Empereur.

Le Ministre, debout et tourné devant l'Empereur, après avoir fait une profonde révérence à Leurs Majestés, fera la lecture du contrat de mariage: cette lecture étant achevée, il prendra la plume dans l'encrier et la présentera à l'Empereur, près duquel une crédence sera posée; il la recevra des mains de Sa Majesté quand elle aura signée, et la présentera à l'Impératrice.

S. A. E. le Prince de Bade, et S. A I. la Princesse STÉPHANIE, signeront après Leurs Majestés, debout et sur la grande table. La princesse, avant de signer, fera une révérence à Leurs Majestés pour en obtenir un signe d'approbation.

Les Princes et Princesses de la famille impériale, invités par un maître des cérémonies, viendront successivement signer, après avoir reçu la plume du Ministre Secrétaire d'Etat. M. *de Reiseinstein* présentera la plume au Prince de Bade.

Après que les Princes auront signé, les témoins s'approcheront de la table et signeront; ceux de la Cour impériale les premiers, et ceux de la Cour électorale après.

Les signatures des témoins seront apposées sur deux colonnes ; celles de la Cour impériale sur la premiere colonne, et celles de la Cour électorale sur la seconde colonne.

Leurs Majestés seules signeront assises: toutes les autres personnes signeront debout.

La signature du contrat étant achevée, le Grand-Maître des cérémonies prendra de nouveau les ordres de S. Majesté, et invitera le Prince Archichancelier de l'Empire à se rendre à la place qu'occupait le Ministre et Secrétaire d'Etat, qui se tiendra près de lui.

S. A. S. debout, après avoir fait une révérence à Leurs Majestés, invitera les deux futurs époux à se lever, et les interpellera en ces termes : *Prince électoral* CHARLES-LOUIS - FRÉDÉRIC *de Bade, déclarez-vous prendre en mariage la Princesse impériale* STÉPHANIE - NAPOLÉON, *ici présente ?*

L'époux interpellé répond : *Je déclare prendre en mariage la Princesse impériale* STÉPHANIE - NAPOLÉON, *ici présente.*

La même interpellation sera adressée à S. A. I. la Princesse STÉPHANIE-NAPOLÉON, qui, après avoir demandé le consentement de Leurs Majestés par une révérence, dira : *Je déclare prendre en mariage le Prince électoral* CHARLES-LOUIS-FRÉDÉRIC *de Bade, ici présent.*

Le Prince Archichancelier prononcera alors le mariage en ces termes : *Au nom la loi, je déclare que S. A. E. le Prince* CHARLES-LOUIS-FRÉDÉRIC *de Bade, et S. A. I. la Princesse* STÉPHANIE-NAPO-LÉON *sont unis en mariage.*

On procédera à la signature de l'acte dans les formes qui auront été obervées pour la signature du contrat ; le Ministre Secrétaire d'Etat s'approchera en conséquence de la table.

L'acte civil étant signé, deux Maîtres et un Aide des cérémonies enlèveront la table placée devant l'empereur, et mettront à la même place un fauteuil.

Pendant ce tems, un aide des cérémonies ira chercher S. E. le Cardinal Légat, les deux Evêques assistans et le Curé de la paroisse, qui se seront réunis, par les grands appartemens, dans le salon de l'Empereur. Le Cardinal Légat, arrivé dans la galerie de Diane, après avoir fait une profonde révérence à Leurs Majestés, se placera dans le fauteuil qui lui est destiné, ayant à ses côtés les deux Evêques assistans et le Curé de la paroisse. Le Cardinal sera en rochet et en camail, ainsi que les Evêques : le Curé en surplis avec son étole.

On procédera à la cérémonie des fiançailles ainsi qu'il suit :

Le Grand-Maître des cérémonies avertira le Prince électoral de Bade et la Princesse STÉPHANIE-NAPOLÉON, qui viendront se placer devant le Cardinal, ayant soin de se tenir un peu de côté pour ne pas tourner le dos à Leurs Majestés.

Un maître des cérémonies apportera, sur un plat d'or, les deux anneaux destinés aux fiançailles, et les présentera au Cardinal Légat, qui les bénira, en prononçant les paroles suivantes :

« *Benedic, Domine, annulos hos, quos*
» *in tuo nomine benedicimus, ut qui eos*
» *gestaverunt fidelitatem integram sibi*
» *invicem tenentes, in pace et voluntate*
» *tuâ permaneant atque in mutuâ charitate semper vivant, per Christum*
» *Dominum nostrum.* »

Après cette bénédiction, le Cardinal placera les anneaux chacun au doigt annulaire de la main gauche du Prince électoral et de la princesse STÉPHANIE-NAPOLÉON, et

LL. AA. se donneront réciproquement la main droite.

Le Cardinal, s'adressant au Prince électoral, lui dira : « *Prince, est-ce la libre volonté de V. A. E. de promettre mariage à l'auguste Princesse ici présente ?* »

Le Prince répondra : *Oui, Monsieur.*

« *Princesse, est-ce la libre volonté de V. A. I. de promettre mariage à l'auguste Prince ici présent ?* » La Princesse répondra : *Oui, Monsieur,* après en avoir demandé la permission, par une révérence, à Leurs Majestés.

Après ces réponses, le Cardinal leur adressant la parole, dira : « *Augustes fiancés, invoquez le Seigneur, pour que dans le futur accomplissement de vos promesses, sa grâce et sa bénédiction vous accordent la contante union des cœurs, et vous soutiennent dans la pratique des vertus et des devoirs prescrits par la divine institution du mariage.* »

Le Prince et la Princesse salueront alors le Cardinal, feront une révérence profonde à Leurs Majestés, et iront reprendre leurs places.

Cette cérémonie étant faite, Leurs Majestés se lèveront et retourneront à leur appartement dans l'ordre qui avait été observé en se rendant dans la galerie de Diane.

Mariage.

Le lendemain mardi, à huit heures du soir, la cérémonie du mariage de S. A. S. le Prince électoral de Bade, et de S. A. I. la Princesse STÉPHANIE-NAPOLÉON, sera célébrée dans la chapelle du Palais des Tuileries, qui sera disposée à cet effet ainsi qu'il suit :

Dans la nef, en face et à peu de distance de l'autel, seront placés, sous un dais, deux fauteuils, avec des prie-dieu, pour Leurs Majestés Impériales. A côté seront des plians avec des carreaux pour les Princes et Princesses, et derrière, des bancs pour les dames.

Au bas des marches de l'autel, devant les prie-dieu de Leurs Majestés seront deux plians avec des carreaux pour le Prince de

Bade et la Princesse STÉPHANIE - NAPOLÉON.

Au-dessous des degrés de l'autel, du côté de l'épître, seront placés un fauteuil pour le Cardinal Légat officiant, des chaises pour les Cardinaux et les deux Evêques assistans, et des bancs pour les Evêques invités.

Les personnes invitées, qui ne feront point partie du cortège occuperont les tribunes; la tribune impériale sera reservée pour le corps diplomatique et les étrangers.

Dans la chapelle, les Dames du cortége seront assises sur des bancs, et les hommes, debout, se tiendront derrière.

A sept heures, les Cardinaux et Evêques, suivis de leur clergé, se rendront à la chapelle; ils seront reçus à la porte par le Maître des cérémonies ecclésiastiques. Les Prélats officians seront en habits pontificaux; les autres en camail et en rochet.

Le Curé de la paroisse, en surplis et en étole, fera partie du clergé.

A la même heure, les personnes devant former le cortège de Leurs Majestés, se réuniront dans les grands appartemens de l'Empereur.

A huit heures, le cortége se rendra des appartemens à la chapelle, dans l'ordre suivant :

Les Huissiers,
Les Hérauts d'armes,
Les Pages,
Les Aides de cérémonies,
Les Chambellans du Prince de Bade,
Les Officiers des Princes et Princesses,
Les Maîtres des cérémonies,
Les Aides-de-camp de l'Empereur,
Les Officiers de la maison de Leurs Majestés,
Les grands Officiers de l'Empire,
Les Ministres,
Les témoins du Prince et de la Princesse,
Les grands Officiers de la Couronne,
Les princes,
Le Prince de Bade et la Princesse STÉPHANIE,
L'Empereur et l'Impératrice,
Les Princesses,

Le Colonel-Général de la Garde, la Dame d'honneur et la Dame d'atours de la Princesse.

Les Dames de l'Impératrice et celles des Princesses.

A l'arrivée du cortége dans la chapelle, les personnes qui en feront partie se rangeront à droite et à gauche pour laisser passer Leurs Majestés, et prendre ensuite leurs places derrière elles, chacune selon son rang. Le cardinal officiant, suivi de son clergé, viendra recevoir à la porte, sous le dais, l'Empereur et l'Impératrice, et leur présentera l'eau bénite; ensuite il retournera à sa place à côté de l'autel. Leurs Majestés iront se placer sur leur prie-dieu; le Prince de BADE et la Princesse STÉPHANIE à genoux sur les marches de l'autel; les Princes et Princesses à droite et à gauche de Leurs Majestés, en s'étendant circulairement vers l'autel; les témoins à droite et à gauche, après les princes et Princesses, dans la même direction, ceux du Prince de BADE à sa droite, et ceux de la Princesse STÉPHANIE à sa gauche, la Dame d'honneur de la Princesse derrière elle; enfin le Grand-Maître des cérémonies à droite, un peu en avant du prie-Dieu de l'Empereur; les Maîtres et Aides des cérémonies, les uns à droite, à côté du Grand-Maître, les autres à gauche, vit-à-vis de lui; les grands Officiers et les Dames de l'Impératrice derrière Leurs Majestés; les Officiers de Leurs Majestés derrière les grands-Officiers; les Officiers des Princes derrière les Princes; les Officiers et dames des Princesses derrière les Princesses; les uns et les autres en arrière des Officiers et dames de Leurs Majestés. Les Ministres et grands Officiers seront debout derrière les dames.

Le Cardinal Légat, averti par le Grand-Maître des cérémonies, qui fera une profonde révérence à Leurs Majestés, ira s'asseoir dans un fauteuil placé sur la marche la plus élevée du sanctuaire, le dos tourné à l'autel. Il adressera aux deux augustes époux un discours pendant lequel LL. AA. se tiendront debout, et commencera la cérémonie du mariage par la bénédiction des treize pièces d'or qui lui seront présentées par un Maître des cérémonies. Le Cardinal les remettra au Prince de BADE, qui les donnera à la Princesse STÉPHANIE, en lui disant : *Je vous donne ces treize pièces d'or en foi de mariage.* La Princesse, après les avoir reçues, les remettra à sa dame d'honneur, qui se tiendra derrière elle. Ensuite LL. AA. se mettront à genoux, et le Cardinal Légat, adressant la parole au Prince, lui dira :

Prince CHARLES - LOUIS - FRÉDÉRIC *de Bade, voulez-vous prendre la Princesse* STÉPHANIE - NAPOLÉON, *ici présente, pour votre légitime épouse, en la forme que la Sainte-Eglise prescrit ?*

Le Prince répondra : *Oui, Monsieur, je le veux.*

Le Cardinal s'adressant ensuite à la Princesse, lui dira : *Princesse* STÉPHANIE-NAPOLÉON, *voulez-vous prendre le Prince* CHARLES-LOUIS-FRÉDÉRIC *de Bade ici présent, pour votre légitime époux, en la forme que la Sainte-Eglise prescrit ?*

La princesse, avant de répondre, fera une révérence à Leurs Majestés, pour en obtenir la permission ; et Leurs Majestés y répondront par un signe d'approbation ;

alors la Princesse dira : *Oui, Monsieur, je le veux.*

Le Prince et la Princesse, toujours à genoux, se donneront l'un à l'autre la main droite. Le Cardinal Légat dira : *Que ce mariage contracté entre vous, sous l'auspice et en la présence de la Divinité, soit confirmé par l'Etre-Suprême, ainsi que je le solemnise et le confirme présentement par autorité de la Sainte-Eglise.* Au nom du Père, du Fils et du Saint-Esprit, *Pax Gratia et Benedictio Dei descendat super vos et maneat semper.*

Ensuite le Cardinal dira l'oraison suivante :

Propitiare, Domine, supplicationibus nostris, et institutis tuis, quibus propagationem humani generis ordinasti, benignus assiste, ut quod te auctore jungitur, te auxiliante servetur. Per Christum Dominum nostrum. Amen.

Oremus.

Omnipotens et misericors Deus sit semper vobiscum et adimpleat benedictionem suam in vobis, ut videatis, filios filiorum vestrorum usque ad tertiam et quartam generationem et postea vitam æternam habeatis sine fine; adjuvante Domino nostro Jesu Christo, qui cum Patre et Spiritu sancto vivit et regnat Deus. Per omnia sœcula sœculorum. Amen.

Pendant ces oraisons, on étendra au-dessus du Prince et de la Princesse, un poêle de brocard d'argent; M...... tiendra le poêle du côté du Prince, et M..... le tiendra du côté de la princesse. Ils ne l'ôteront que lorsque les prières seront achevées.

Après ces prières, le Prince et la Princesse s'assièront, et le Cardinal entonnera le *Veni Creator.*

Pendant toute la cérémonie, Leurs Majestés resteront assises.

Le *Veni Creator* fini, le Grand-Maître des cérémonies fera une révérence à Leurs Majestés pour les prévenir que la cérémonie est achevée; et le cortége se mettra en marche dans le même ordre qu'il aura observé en venant à la chapelle.

Le cortége étant rentré dans les appartemens, Leurs Majestés se tiendront dans le salon de l'Empereur.

Pendant la célébration du mariage, le Palais et le Jardin des Tuileries seront illuminés. Après le mariage, à neuf heures et demie, on tirera un feu d'artifice sur la place de la Concorde. Leurs Majestés averties du moment où il commencera, quitteront leur salon et rendront sur le balcon de la salle des Maréchaux, pour voir le feu. Elles congédieront ensuite le cercle et rentreront dans leurs appartemens.

Programme des Cérémonies observées lors de la signature du Contrat, de l'Acte civil, et de la Célébration du mariage de S. A. I. le Prince JÉROME-NAPOLÉON, et de S. A. R. la Princesse FRÉDÉRIQUE-CATHERINE-SOPHIE-DOROTHÉE DE WURTEMBERG. (22 août 1807.)

Le samedi 22 août, à huit heures du soir, les Ministres, les grands Officiers de l'Empire, les Officiers et dames de la maison de l'Empereur et de l'Impératrice, et des maisons des Princes et Princesses, les membres du Sénat, les Présidens, les Questeurs et une partie des membres du Corps-Législatif et du Tribunat, et les personnes qui auront reçu une invitation du Grand-Maître des cérémonies, se rendront dans la galerie de Diane, qui sera disposée ainsi qu'il suit, pour la signature du contrat de mariage, la célébration du mariage civil et la cérémonie des fiançailles.

Au fond de la galerie, en face de la porte qui communique au salon de l'Empereur, on placera sur une estrade deux fauteuils surmontés d'un dais, l'un à droite, pour l'Empereur, l'autre à gauche, pour l'Impératrice. A droite et à gauche, au bas de l'estrade, seront deux autres fauteuils; le premier pour S. A. I. Madame Mère; le deuxième pour S. M. la Reine de Naples. Devant Leurs Majestés, deux chaises, l'une à droite pour S. A. I. le Prince Jerôme, et l'autre pour S. A. R. la Princesse de Wurtemberg. Du côté du trône, à droite, des chaises pour les Princes de la famille, et des plians pour les Princes de l'Empire; à gauche, une chaise pour S. A. I. et R. Madame la Grande-Duchesse de Berg, une pour le Prince Primat, et deux plians pour LL. AA. RR. le Prince et la Princesse de Bade. Sur l'estrade, devant les fanteuils de Leurs Majestés, une table couverte d'un riche tapis et un encrier.

Les Maîtres et Aides des cérémonies feront placer tout le monde dans l'ordre observé pour les concerts, les dames sur des banquettes, et les hommes debout derrière elles.

Sa Majesté l'Impératrice se rendra dans le salon de l'Empereur. La Dame d'honneur, la Dame d'atours et les Dames du Palais de service, se rendront dans la salle du Trône, ainsi que les Princes, princesses et Dames de service de leurs maisons, et les témoins des deux Cours.

Tout le monde étant placé dans la galerie de Diane, on fermera la porte. Le Grand-Maître, le Colonel-Général de la garde, les grands Officiers de la Couronne, un Maître et un Aide de cérémonies, iront chercher Leurs Majestés; les Princes, Princesess et témoins entreront dans le salon. Ils précéderont ensuite Leurs Majestés qui se rendront dans la galerie de Diane, dans l'ordre suivant :

Les pages de l'Impératrice,
Le Chambellan de service de l'Impératrice,
Les témoins et commissaires de Wurtemberg,
S. A. R. le prince de Bade,
S. A. R. la princesse de Bade,
S. A. I. et R. la Grande-Duchesse de Berg,
S. M. la Reine de Naples,
S. A. I. Madame,
S. M. l'Impératrice, accompagnée de S. A. I. le Prince Jérôme,
Le Chevalier d'honneur et le premier Ecuyer de S. M. un peu en arrière,
La Dame d'honneur,
La Dame d'atours,
Les Dames de service de Sa Majeté et des Princesses,
Les pages de l'Empereur,
Un Maître et un Aide des cérémonies,
Les Chambellans de service de l'Empereur,
L'Aide-de-champ de service,

Sixième édition.

Les témoins de S. A I. le prince Jérôme,

Le Grand-Maréchal du palais, le Grand-écuyer et le Grand-Maître des cérémonies,

S. A. S. le prince Vice-Connétable,

S. A. S. le prince Vice-Grand-Electeur,

S. A. S. le prince Archichancelier de l'Empire,

S. A S. le prince Architrésorier,

S. A. I. le grand-duc de Berg,

S. A. I. le prince Borghèse,

Sa Majesté l'Empereur, donnant la main à S. A. R. la princesse de Wurtemberg.

Le Colonel-Général de la garde,

La Dame d'honneur de la princesse de Wurtemberg.

Leurs Majestés Impériales se placeront sur le trône ; S. A. I. Madame Mère, et S. M. la Reine de Naples, sur leurs fauteuils; S. A. I. le prince Jérôme, et S. A. R. la princesse de Wurtemberg, sur leurs chaises, devant Leurs Majestés. Les Princes et toutes les personnes qui auront formé le cortége de Leurs Majestés, iront occuper leurs places ordinaires, les princes du côté de l'Empereur, les Princesses du côté de l'Impératrice ; le prince de Bade à la suite des princesses; derrière les princes, les grands Officiers, les commissaires et témoins du prince Jérôme, du côté de l'Empereur ; les commissaires et témoins de la princesse de Wurtemberg, du côté de l'Impératrice. Sur les premières banquettes destinées aux Dames, la dame d'honneur, la Dame d'atours, les Dames du Palais et celles des princesses ; derrière les grands Officiers, les Officiers de la maison de Leurs Majestés et de celles des Princes, les Maîtres et Aides des cérémonies, à droite et à gauche, en avant du Trône, les Pages derrière les Officiers de Leurs Majestés.

A l'arrivée de Leurs Majestés, toutes les Dames se lèveront et resteront debout jusqu'à la fin de la cérémonie.

L'Empereur étant assis, le Grand-Maître des cérémonies prendra les ordres de S. Majesté; un Maître des cérémonies avertira M. le Conseiller d'Etat Regnaud,

Secrétaire de l'état de la famille impériale, et M,....... , faisant les fonctions de Secrétaire de l'état de la maison de Wurtemberg, qui se rendront auprès de la table placée devant l'Empereur, et feront chacun une profonde révérence à Leurs Majestés.

Le Secrétaire de l'état de la famille impériale, debout, tourné vers l'Empereur, fera lecture du contrat de mariage ; cette lecture étant achevée, il présentera la plume à l'Empereur et ensuite à l'Impératrice, pour signer. Leurs Majestés signeront le contrat, assises et sans quitter leurs places. S. A. I. le prince Jérôme-Napoléon et S. A. R. la princesse de Wurtemberg, s'approcheront de la grande table, recevront la plume, le prince, du Secrétaire de l'état de la famille impériale, et la Princesse, du Secrétaire d'état de la maison de Wurtemberg, et signeront debout après Leurs Majestés : le prince avant de signer, fera à l'empereur et à Madame, deux profondes révérences, auxquelles Sa Majesté et Madame répondront par un signe d'approbation.

Les princes et les princesses signeront de la même manière et dans l'ordre suivant :

Madame,

La Reine de Naples,

S. A I. la princesse Caroline,

S. A. I. le prince Borghèse,

S. A. I. et R. le Grand-duc de Berg,

S. A. R. le prince de Bade,

S. A. R. la princesse de Bade,

S. A. S. le prince Archichancelier.

S. A. S. le prince Architrésorier.

S. A. S. le prince Vice-Grand-Electeur.

S. A. S. le prince Vice-Connétable.

Chacun d'eux recevra la plume du Secrétaire de l'état de la famille impériale, excepté la Princesse de Wurtemberg, à qui elle sera présentée par le Secrétaire de la maison de Wurtemberg.

Les Princes ayant signé, les témoins s'approcheront de la table et feront une profonde révérence à Leurs Majestés.

Les témoins de S. A. I. le Prince Jérome-Napoléon, signeront d'abord; ensuite les témoins de S. A. R. la Princesse de Wurtemberg. Les signatures des témoins seront apposées sur deux colonnes, celles de la Cour Impériale sur la première, et celles de la Cour Royale de Wurtemberg sur la seconde.

La signature du contrat étant achevée, le Grand-Maître des cérémonies invitera le Prince Archichancelier de l'Empire à se rendre à la place qu'occupait le Secrétaire de l'état de la famille impériale, qui se tiendra près de lui.

S. A. S. debout, après avoir fait une révérence à Leurs Majestés, invitera les deux futurs époux à se lever, et les interpellera en ces termes :

Prince impérial Jérome-Napoléon, déclarez-vous prendre en mariage la Princesse royale Frédérique-Catherine-Sophie-Dorothée de Wurtemberg, ici présente ?

Le Prince, interpellé, après avoir demandé par une révérence la permission à l'Empereur et à Madame, répondra :

Je déclare prendre en mariage la Princesse Frédérique-Catherine-Sophie-Dorothée de Wurtemberg, ici présente.

La même interpellation sera adressée à

S. A. R. la Princesse de Wurtemberg, qui dira : *Je déclare prendre en mariage le Prince Jérôme-Napoléon, ici présent.*

Le Prince Archichancelier prononcera alors le mariage en ces termes : *Au nom de l'Empereur et de la Loi, je déclare que S. A. I. le Prince Jérôme-Napoléon, et S. A. R. la Princesse Frédérique-Catherine-Sophie-Dorothée de Wurtemberg sont unis en mariage.* Alors les Maîtres des cérémonies apporteront les registres de l'état civil, et après avoir fait une profonde révérence à Leurs Majestés, ils les placeront sur la table, l'un auprès de l'Empereur, l'autre auprès de l'Impératrice.

On procédera à la signature de l'acte dans les mêmes formes qui ont été observées pour la signature du contrat.

La signature de l'acte étant terminée, le Grand-Maître des cérémonies fera une révérence à Leurs Majestés, et les préviendra que la cérémonie est achevée ; alors leurs Majestés se lèveront, et retourneront dans leurs appartemens dans l'ordre qui aura été observé en se rendant à la galerie.

S. A. E. le Prince Primat sera reconduit de la même manière qu'il a été amené.

Mariage.

Le lendemain dimanche, 23 août, la cérémonie du mariage de LL. MM. sera célébrée à huit heures du soir, dans la chapelle du palais des Tuileries, qui sera disposée à cet effet, de la manière suivante :

Dans la chapelle, en face et à peu de distance de l'autel, seront placés, sous un dais, deux fauteuils avec des prie-dieu pour Leurs Majestés Impériales, deux fauteuils pour Madame et la Reine de Naples; à côté, seront des chaises pour les Princes et Princesses de la famille, des pliants pour le Prince et la Princesse de Bade et les Princes de l'Empire, et derrière, des banquettes pour les Dames.

Au bas des marches de l'autel, devant les prie-dieu de Leurs Majestés, seront des chaises avec des carreaux pour S. A. I. le Prince Jérôme-Napoléon et S. A. R. la Princesse de Wurtemberg.

Au-dessous des degrés de l'autel, du côté

de l'épître, il sera placé un fauteuil pour le Prince Primat.

Des chaises pour les deux Aumôniers, Evêques suffragans et assistans, et pour les Cardinaux invités, et des banquettes pour les Evêques invités.

Les personnes invitées qui ne feront pas partie du cortège occuperont les tribunes; la tribune impériale sera réservée pour le corps diplomatique et les étrangers. La musique occupera sa place ordinaire.

A sept heures et demie, le Prince Primat et les Evêques suffragans, suivis du clergé, se rendront à la chapelle; ils seront reçus à la porte par le Maître des cérémonies ecclésiastiques.

Le Prince Primat officiant et les Prélats assistans seront en chappe, les autres Evêques en camail et en rochet; M. le Curé de la paroisse de la Madeleine, en surplis et en étole, fera partie du clergé.

A la même heure, les personnes devant former le cortège de Leurs Majestés se réuniront dans les grands appartemens de l'Empereur.

A sept heures trois quarts, un Aide des

cérémonies conduira le corps diplomatique à sa tribune.

A huit heures le cortège se rendra des appartemens à la chapelle, dans l'ordre suivant :

Les Huissiers,

Les Hérauts d'armes,

Les Pages,

Les aides des cérémonies,

Les Maîtres des cérémonies,

Les Chambellans de son A. R. la Princesse de Wurtemberg,

Les Officiers des Princes et Princesses,

Les Officiers de Sa Majesté l'Imperatrice,

Le Chambellan et l'Ecuyer de service de Sa Majesté,

Les témoins de S. A. R. la Priucesse de Wurtemberg.

LL. MM. RR. le Prince et la Princesse de Bade,

S. A. I. et R. Madame la Grande-Duchesse de Berg.

S. M. la Reine de Naples,

S. A. I. Madame,

S. M. l'Impératrice, accompagnée de S. A. I. le Prince Jérôme,

Le Chevalier d'honneur et le premier Ecuyer de Sa Majesté, un peu en arrière,

La Dame d'honneur et la Dame d'atours de Sa Majesté,

Les Dames du Palais,

Les Dames des Princesses,

Les Officiers des Princes,

Les Officiers de l'Empereur,

L'Ecuyer, les Chambellans, et l'Aide-de-Camp de service de Sa Majesté,

Ler Grands-Officiers de l'Empire,

Les Ministres,

Les témoins de S. A. I. le Prince Jérôme,

Les grands Officiers de la couronne,

S. A. S. le Prince Vice-Connétable,

S. A. S. le Prince Vice-Grand-Electeur,

S. A. S. le Prince Architrésorier,

S. A. S. le Prince Archichancelier de l'Empire,

S. A. I. et R. le Grand-Duc de Berg,

S. A. I. le Prince Borghèse,

L'Empereur donnant la main à S. A. R. la Princesse de Wurtemberg,

Le Colonel-Général de la garde de service et la Dame d'honneur de la Princesse.

A l'arrivée du cortège dans la chapelle, le Prince Primat officiant, suivi de son clergé, ira recevoir à la porte l'Empereur et l'Impératrice, et leur présentera l'eau bénite; ensuite il retournera à sa place du côté de l'autel. Leurs Majestés iront se placer sur leur prie-dieu. S. A. I. le Prince Jérôme-Napoléon et S. A. R. la Princesse de Wurtemberg, à genoux sur les marches de l'autel, les Princes et Princesses à droite et à gauche de Leurs Majestés, en s'étendant circulairement vers l'autel; les témoins à droite et à gauche; après les Princes et Princesses dans la même direction, ceux de S. A. I. le Prince Jérôme à sa droite, et ceux de S. A. R. la Princesse de Wurtemberg à sa gauche, la Dame d'honneur de la Princesse derrière elle; enfin le Grand-Maître des cérémonies à droite un peu en avant du prie-dieu de l'Empereur; les Maîtres et aides des cérémonies, les uns à droite à côté du Grand-Maître, les autres à gauche vis-à-vis de lui; les grands Officiers et les Dames de l'Impératrice derrière Leurs Majestés; les Officiers de leurs Majestés derrière les grands Officiers ; les Officiers des princes derrière les Princes, les Officiers et Dames des Princesses derrière les Princesses : les uns et les autres après les Officiers et Dames de Leurs Majestés. Les Ministres et les grands Officiers, les présidens des grands Corps de l'état et ceux des cinq sections du Conseil d'Etat, seront debout derrière les Dames.

Le prince Primat officiant, averti par le Grand-Maître des cérémonies, après avoir fait une profonde révérence à Leurs Majestés, entonnera le *Veni, Creator*.

Après le premier verset, pendant lequel tout le monde sera à genoux, il ira s'asseoir dans un fauteuil placé sur la marche la plus élevée du sanctuaire, le dos tourné à l'autel; il adressera aux deux augustes époux un discours, pendant lequel LL. AA. se tiendront debout, et commencera la cérémonie du mariage par la bénédiction de treize pièces d'or, qui lui seront présentées par un Maître des cérémonies Le prince Primat les remettra à S. A. I. le prince Jérôme-Napoléon, qui les donnera à S. A. R. la princesse de Wurtemberg, en lui disant : *Je vous donne ces treize pièces d'or en foi de mariage.*

La princesse après les avoir reçues, les remettra à sa Dame d'honneur, qui se tiendra derrière elle ; ensuite le prince Primat adressant la parole au Prince, lui dira :

Prince Jérôme-Napoléon, voulez-vous prendre la Princesse Frédérique-Catherine-Sophie-Dorothée, ici présente, pour votre légitime épouse, en la forme que la sainte église notre mère prescrit ?

Le prince, avant de répondre, fera une révérence à l'Empereur et une à Madame, pour en obtenir la permission ; et Sa Majesté et S. A. I. y ayant répondu par un signe d'approbation, alors le prince dira : *Oui, monsieur, je le veux.*

Le prince Primat, s'adressant ensuite à la princesse lui dira : *Princesse Frédérique-Catherine-Sophie-Dorothée, voulez-vous prendre le Prince Jérôme-Napoléon, ici présent, pour votre légitime époux, en la forme que la sainte église notre mère prescrit ?*

La princesse répondra: *Oui, monsieur, je le veux.*

Le Prince et la Princesse, toujours debout, se donneront l'un à l'autre la main droite. Le prince Primat dira: *Que ce mariage que vous contractez sous l'auspice et en la présence de Dieu, soit confirmé par lui, ainsi que je le solemnise et le confirme présentement par autorité de la sainte église.* Au nom du Père et du Fils et du Saint-Esprit. *Pax, gratia et benedictio Dei descendat super vos et maneat semper.*

Ensuite le prince officiant dira les oraisons suivantes, pendant lesquelles le Prince et la Princesse seront à genoux:

Propitiare, Domine, supplicationibus nostris, etc.

OREMUS.

Omnipotens et misericors Deus sit semper vobiscum, etc.

Pendant ces oraisons, on étendra au-dessus du prince et de la princesse un poêle de brocard d'argent.

M. l'Evêque de Gand, aumônier de

l'Empereur, tiendra le poêle du côté du prince, et M. l'abbé de Boulogne, aussi aumônier de Sa Majesté, le tiendra du côté de la princesse; ils ne le retireront que lorsque les prières seront finies.

Après ces prières, le prince et la princesse s'assiéront, et le prince Primat entonnera le verset : *Hæc dies quam fecit Dominus.*

Ce verset fini, le Grand-Maître des cérémonies fera une révérence à Leurs Majestés pour les prévenir que la cérémonie est achevée, et le cortège se mettra en marche dans le même ordre qui aura été observé en se rendant à la chapelle, avec cette seule différence, que l'Impératrice sera à côté de l'Empereur, et que S. A. I. le prince Jérôme-Napoléon donnera la main à la princesse.

Leurs Majestés rentreront dans leurs appartemens et passeront dans la galerie, où il y aura banquet; elles reviendront ensuite dans la salle des Maréchaux pour voir le feu d'artifice qui sera tiré sur la place de la concorde.

Après le feu, le concert et le ballet,

Leurs Majestés congédieront le cercle, et rentreront dans leurs appartemens, après avoir reconduit suivant l'usage, les deux époux, avec les personnes qui seront désignées par elles.

Programme du cérémonial observé lors du Mariage de S. M. I. et R. l'Empereur et Roi, avec S. A. I. et R. l'Archiduchesse d'Autriche.

MARIAGE CIVIL.

Le jour désigné pour la célébration du mariage civil, à onze heures, toutes les personnes qui doivent composer le cortége de LL. MM., se réuniront au palais de Saint-Cloud; savoir, celles du service de l'Impératrice, dans les salons de son appartement, du côté du jardin; et celles du service de l'Empereur, dans les salons de son appartement, attenant à celui de l'Impératrice du côté de la Cour.

A midi, les maîtres et aides des cérémonies réuniront dans la galerie, qui jusqu'alors sera fermée, et placeront les personnes invitées :

Derrière l'estrade, les officiers de la maison de l'Empereur, et des maisons des Princes et Princesses, qui ne sont pas de service.

L'espace à droite et à gauche, en avant de l'estrade, sera divisée en compartimens, qui seront nominativement affectés.

Aux Dames des Princesses,

Aux femmes des Ministres et Grands-Officiers de l'Empire,

Aux Dames invitées,

Aux Ambassadeurs et aux Ministres étrangers,

Aux Ministres.

Aux grands Officiers de l'Empire,

Aux grands aigles de la Légion d'honneur,

Aux Sénateurs,

Aux Conseillers-d'Etat,

Et aux hommes de la Cour invités.

Les personnes invitées qui n'auront pas pu être placées dans la galerie, se tiendront dans le salon de Mars et dans les grands appartemens de l'Empereur, pour voir le cortége.

Au fond de la galerie, on placera sur une

estrade deux fauteuils surmontés d'un dais; l'un à droite pour l'Empereur, l'autre à gauche pour l'Impératrice.

Au bas de l'estrade et de côté, il y aura une table couverte d'un riche tapis, avec un encrier, sur laquelle seront placés les registres de l'état civil.

A deux heures, le cortége étant réuni dans les appartemens de Leurs Majestés, ainsi qu'il vient d'être dit, le grand-maître des cérémonies, le colonel-général de la garde de service, les grands-officiers de la couronne de France et d'Italie, iront chercher LL. MM. Le cortége partira dans l'ordre suivant, pour se rendre à la galerie, en traversant le cabinet de l'Empereur, le salon des Princes, la salle du trône et le salon de Mars :

Les huissiers,
Les hérauts-d'armes,
Les pages,
Les aides des cérémonies,
Les maîtres cérémonies,
Les officiers de la maison du Roi d'Italie,
Les écuyers de l'Empereur, de service ordinaire,

Les chambellans de service ordinaire,
Les aides-de-camp de l'Empereur,
Les deux écuyers de jour,
Les quatre chambellans de jour,
L'aide-de-camp de service,
Le gouverneur du palais,
Le secrétaire d'état de la famille impériale,
Les grands-officiers de la couronne d'Italie,
Le grand-chambellan de France et celui d'Italie, le grand-maître des cérémonies et le grand écuyer d'Italie.
Les princes grands-dignitaires,
Les princes de la famille,
L'Empereur,
L'Impératrice.
Derrière Leurs Majestés,
Le colonel-général de la garde de service, le grand-maréchal du palais, le grand-maître de la maison d'Italie, le grand-aumônier de France et celui d'Italie.
Le chevalier d'honneur, et le Prince écuyer de l'Impératrice, portant la queue de son manteau,

Les Dames d'honneur de France et d'Italie, et la Dame d'atours.

Les Princesses de la famille,

Les Dames du palais,

Les Dames d'honneur des princesses, les officiers de service des maisons des princes et princesses.

Tout le monde sera découvert.

Le cortège étant arrivé dans la galerie, les huissiers, les hérauts d'armes et les pages se rangeront par moitié, à droite et à gauche, dans le salon de Mars, auprès de la porte.

Les officiers et grands officiers de France et d'Italie, les dames d'honneur et la dame d'atours iront se placer derrière les fauteuils de LL. MM. suivant leur rang.

LL. MM. II. se placeront sur le trône ; les princes et princesses à droite et à gauche de l'estrade, dans l'ordre suivant et selon leur rang de famille.

A droite de l'Empereur.

Le prince Louis-Napoléon, roi de Hollande.

Le prince Jérôme-Napoléon, roi de Westphalie.

Le prince Borghèse, duc de Guastalla.
Le prince Joachim-Napoléon, roi de Naples.
Le prince Eugène, vice-roi d'Italie,
Le prince archi-chancelier,
Le prince vice-grand électeur,
A gauche de l'Impératrice :
La princesse Julie, reine d'Espagne,
La princesse Hortense, reine de Hollande,
La princesse Catherine, reine de Westphalie,
La princesse Elisa, grande duchesse de Toscane,
La princesse Pauline,
La princesse Caroline, reine de Naples,
Le grand-duc de Wurtzbourg,
La princesse Auguste, vice-reine d'Italie,
La princesse Stéphanie, grande duchesse héréditaire de Bade,
Le grand duc héréditaire de Bade,
Le prince archi-trésorier,
Le prince vice-connétable.
Le secrétaire de l'Etat de la famille impériale se placera auprès de la table.
La première banquette sera réservée aux Dames du palais:

Le grand-maître des cérémonies, les maîtres et aides des cérémonies, à droite et à gauche en avant du trône.

À l'arrivée de LL. MM. toutes les Dames se lèveront et resteront debout jusqu'à la fin de la cérémonie.

L'Empereur étant assis, le grand-maître des cérémonies prendra les ordres de S. M, et ira inviter son S. A. S le prince archi-chancelier de l'Empire à se rendre devant le fauteuil de l'Empereur; un maître des cérémonies avertira en même tems le secrétaire de l'Etat de la famille impériale, qui se rendra auprès de S. A. S le prince archi-chancelier, et fera une révérence à LL. MM.

S. A. S. le prince archi-chancelier, après avoir fait une révérence à LL. MM., dira :

» Au nom de l'Empereur : (*à ces mots LL. MM. se lèveront.*)

» Sire, votre majesté impériale et royale
» déclare-t-elle prendre en mariage S. A.
» I. et R. Marie Louise, archiduchesse
» d'Autriche, ici présente ? «

L'Empereur répondra :

» Je déclare prendre en mariage S. A.

» I. et R. Marie-Louise, Archiduchesse
» d'Autriche, ici présente. »

La même interpellation sera adressée à son A. S. I. et R. l'archiduchesse d'Autriche en ces termes :

» S. A. I. et R. Marie Louise, archidu-
» chesse d'Autriche, déclare-t-elle prendre
» en mariage S. M. l'Empereur et Roi Na-
» poléon ici présent ? »

S. A. I. et R. répondra :

« Je déclare prendre en mariage S. M. l'Empereur et Roi, NAPOLÉON ici présent.»

Le prince archi-chancelier prononcera alors le mariage en ces termes :

« Au nom de l'Empereur et de la loi,
» je déclare que S. M. I. et R. Napoléon,
» Empereur des Français, roi d'Italie, et
» son A. I. et R. l'archiduchesse Marie
» Louise, sont unis en mariage. »

Alors les maîtres et aides des cérémonies apporteront la table sur laquelle seront les registres de l'état civil; ils la placeront devant les fauteuils de l'Empereur et de l'Impératrice, et retourneront à leur place, après avoir fait une profonde révérence à LL. MM.

On procédera à la signature de l'acte de la manière suivante :

Le secrétaire de l'état de la famille impériale présentera la plume à l'Empereur et ensuite à l'Impératrice, pour signer ; LL. MM. signeront assisses et sans quitter leurs places.

Les princes et princesses s'approcheront de la table, recevront la plume des mains du secrétaire de l'Etat de la famille impériale, et signeront ; ils feront, avant de signer, une révérence à l'Empereur et à l'Impératrice ; ils signeront dans l'ordre réglé par le cérémonial.

L'acte étant terminé par les signatures du prince archi-chancelier et du secrétaire de l'Etat de la famille impériale, les maîtres et aides des cérémonies, après avoir fait une profonde révérence à l'Empereur et à l'Impératrice, retireront la table qui avait été placée devant LL. MM.

Le grand-maître des cérémonies fera une révérence à LL. MM. et les préviendra que la cérémonie est achevée. Alors LL. MM. se lèveront et retourneront dans l'appar-

Sixième edition. 4.

tement de l'Impératrice, dans l'ordre suivant :

Les huissiers, les hérauts d'armes et les pages se rangeront dans le salon de Mars, pour former la tête du cortège.

Les officiers et grands-officiers qui précèdent LL. MM. se dirigeront à droite et à gauche, pour aller prendre leur rang dans la marche ; les princes grands dignitaires et les princes et princesses de la famille s'avanceront ensuite.

L'Empereur et l'Impératrice, suivis du colonel-général de la garde, du grand-maréchal du palais et du grand-aumônier, du chevalier d'honneur, du premier écuyer, des deux dames d'honneur et de la dame d'atours, se mettront en marche immédiatement après LL. MM.

Les princesses suivront. Enfin, les dames du palais, les dames d'honneur des princesses, et les officiers de service des princes et princesses, quitteront leurs places pour former la fin du cortège.

Le cortège reconduira LL. MM. dans l'appartement de l'Impératrice, et se retirera.

Pour cette cérémonie, l'Impératrice sera en grand habit de cour, avec sa couronne formée en diamans.

A deux heures, la cérémonie du mariage civil sera annoncée par des salves d'artillerie tirées à Saint-Cloud, et répétées à Paris aux Invalides.

Après le dîner, LL. MM. se rendront dans le salon de famille. Le cortège qui doit les accompagner au spectacle, se réunira dans les pièces voisines.

LL. MM. traverseront, pour se rendre au spectacle, les grands appartemens de l'Orangerie, et arriveront dans la loge impériale.

L'Orangerie sera illuminée.

Les personnes invitées pour la cérémonie, seront invitées aussi pour le spectacle.

Après le spectacle, l'Empereur reconduira l'Impératrice dans son appartement; lorsque l'Empereur se retirera, l'Impératrice l'accompagnera jusqu'à son premier salon.

Il y aura illumination générale à Saint-Cloud, et les eaux joueront à la lumière.

PROGRAMME.

ENTRÉE PUBLIQUE A PARIS.

Le jour de l'entrée publique, le grand-maître des cérémonies rassemblera avant dix heures, tout le cortège dans les grands appartemens de Saint-Cloud.

Lorsque l'Impératrice sera à sa toilette, la dame d'honneur en préviendra l'Empereur, qui s'y rendra.

Les dames d'honneur de France et d'Italie, et la dame d'atours, entreront dans l'appartement de l'Impératrice, et lui placeront la couronne du sacre sur la tête.

S. M. sera parée des diamans de la couronne, elle sera vêtue de la robe destinée à la cérémonie, avec un manteau de cour, qui sera porté par un de ses officiers.

Lorsque le cortège sera rangé dans les appartemens, le grand-maître des cérémonies ira prendre l'ordre de l'Empereur, et LL. MM. monteront en voiture pour se rendre à Paris.

Des salves d'artillerie annonceront le départ de LL. MM.

Le cortège marchera dans l'ordre suivant :

Les hérauts d'armes,

Et le chef des hérauts d'armes à cheval ;

Une voiture pour les maîtres et aides des cérémonies ;

Neuf voitures pour les chambellans de l'Empereur, de service ordinaire et extraordinaire, de France et d'Italie ;

Quatre voitures pour les grands-officiers de l'Empire.

Quatre voitures pour les ministres ;

Huit voitures pour les dames du palais de France et d'Italie ;

Une voiture pour les grands-officiers de la couronne d'Italie ;

Une voiture pour le grand-chambellan et le grand-maître des cérémonies ;

Deux voitures pour les princes grands-dignitaires ;

Quatre voitures pour les princes et princesses de la famille impériale ;

La voiture de l'Impératrice dans laquelle il n'y aura personne.

La voiture de l'Empereur, dans laquelle seront LL. MM. II.

Une voiture pour le grand aumônier,

le grand-maréchal du palais et le grand-veneur.

Une voiture pour les dames d'honneur de France et d'Italie, la dame d'atours et le chevalier d'honneur de l'Impératrice.

Les voitures des princes et princesses, dans lesquels seront leurs dames et officiers de service.

La voiture de l'Empereur et celle de l'Impératrice seront attelées de huit chevaux.

Toutes les autres voitures du cortège seront à six chevaux.

Les maréchaux colonels-généraux de la garde seront à cheval près des deux portières de la voiture de l'Empereur.

Le maréchal commandant la gendarmerie sera à cheval derrière la voiture de S. M.

Les aides-de-camp à la hauteur des chevaux.

Les écuyers à la hauteur des roues de derrière.

Les pages monteront devant et derrière les deux voitures de LL. MM.

Tous les aides-de-camp de l'Empereur

et tous les écuyers de service ordinaire et extraordinaire seront à cheval.

Les écuyers de service des princes et princesses seront à cheval à côté des voitures de LL. MM.

Le premier écuyer dirigera tout le cortège ; il sera à cheval ; sa place sera près de la portière droite de l'Empereur, à côté du colonel-général de la garde.

Le grand-écuyer du royaume d'Italie et le premier écuyer de l'Impératrice seront à cheval près de sa voiture.

Le cortège sera ouvert et fermé par la garde à cheval.

Une haie de troupe bordera le chemin depuis la porte Maillot jusqu'aux Tuileries.

Le cortège passera sous l'arc de triomphe des Champs-Elysées.

La voiture de S. M. s'y arrêtera.

Le gouverneur de Paris, les conseillers d'état préfet de la Seine et préfet de police, accompagnés des douze maires, des membres du conseil municipal et de toutes les autorités de Paris, recevront LL. MM. sous l'arc de triomphe des Champs-Elysées.

Le préfet complimentera LL. MM.

LL. MM. feront leur entrée dans Paris, au bruit des salves d'artillerie, au son des cloches et au milieu d'une haie de troupes de la garnison.

On placera douze pièces de canon sur les hauteurs du côté de l'arc de triomphe.

Douze autres pièces de canon seront placées sur la terrasse du bord de l'eau.

Leurs salves seront répétées par le canon des Invalides.

Il y aura de distance en distance, des orchestres de musique depuis l'arc de triomphe jusqu'aux Tuileries, et un orchestre plus nombreux que les autres près de l'arc de triomphe.

Les autorités de Paris suivront à pied la voiture de LL. MM.

Le cortège suivra l'avenue des Champs-Elysées, et entrera dans le palais des Tuileries par le jardin, en passant sous un arc de triomphe qui sera dressé au pont tournant.

En arrivant au palais, l'escorte se rangera en bataille à droite et à gauche.

Le cortège entrera sous le vestibule, de manière que toutes les personnes qui le composent descendent au pied de l'escalier.

Toutes les personnes du cortège se rangeront en haie sur l'escalier pour recevoir LL. MM. et les conduiront jusqu'au cabinet de l'Empereur, chacun s'arrêtant dans la salle où il a le droit d'entrer.

L'Empereur, l'Impératrice, les princes et princesses entreront dans le cabinet de l'Empereur.

L'Impératrice entrera dans la chambre à coucher du grand appartement par la grande porte, dont les deux battans resteront ouverts.

Les dames d'honneur de France et d'Italie, et la dame d'atours y seront introduites du salon du trône par le cabinet de toilette.

L'Impératrice fera sa toilette dans la chambre à coucher.

La dame d'honneur et la dame d'atours lui ôteront le manteau de cour et lui attacheront le manteau impérial.

S. M. pourra faire entrer et admettre à sa toilette les princes et les princesses.

Pendant la toilette de S. M., le cortége se

rendra dans la galerie de Diane, où il se formera.

Lorsque la toilette de S. M. sera achevée et que le cortége sera formé, le grand-maître des cérémonies, le colonel-général de la garde, et les grands-officiers de la couronne, iront par la porte de la galerie, prendre les ordres de l'Empereur.

L'Empereur et l'Impératrice entreront dans la galerie de Diane, précédés des grands-officiers, des princes, et suivis des princesses.

Le cortége sera rangé dans l'ordre suivant :

Les huissiers,

Les hérauts d'armes,

Le chef des hérauts d'armes,

Les pages,

Les aides des cérémonies,

Les maîtres des cérémonies,

Les officiers de la maison du roi d'Italie,

Les écuyers de l'Empereur, de service ordinaire et extraordinaire,

Les chambellans de service ordinaire et extraordinaire,

Les aides-de-camp de l'Empereur.
Les deux écuyers du jour,
Les quatre chambellans de jour,
L'aide-de-camp de service,
Le gouverneur du palais,
Les grands-aigles de la Légion d'honneur,
Les grands officiers de l'Empire,
Les ministres du roi d'Italie,
Les ministres de l'Empereur,
Les grands-officiers de la couronne d'Italie,
Le grand-chambellan,
Le grand-maître des cérémonies,
Le grand-écuyer,
Le prince vice-grand-électeur,
Le prince archi-trésorier,
Le prince vice connétable,
Le prince archi-chancelier,
Le prince *Eugène*, vice-roi d'Italie,
Le prince *Joachim Napoléon*, roi de Naples,
Le prince Borguèse, duc de Guastalla,
Le prince Jerôme-Napoléon, roi de Westphalie,

Le prince Louis-Napoléon, roi de Hollande.

L'Empereur,

L'Impératrice.

Derrière l'Empereur, le colonel-général de la garde, le grand-maréchal du palais et le premier aumônier de l'Empereur;

Cinq princesses, sœurs et belles-sœurs de l'Empereur; savoir:

La princesse Julie, reine d'Espagne; la princesse Hortense, reine de Hollande; la princesse Catherine, reine de Westphalie; la princesse Elisa, grande duchesse de Toscane; la princesse Pauline, portant le manteau impérial.

Un officier de chacune des princesses, portant son manteau.

En arrière de l'Impératrice, la dame d'honneur, la dame d'atours, ayant à leur droite le chevalier d'honneur, et à leur gauche le premier écuyer et le premier aumônier de l'Impératrice,

Madame,

La princesse Caroline, reine de Naples,

Le grand-duc de Wurtzbourg,

La vice-reine d'Italie.

La princesse Stéphanie, grande-duchesse héréditaire de Bade,

Le prince de Bade.

Le manteau de chacune de ces princesses sera porté par un officier de sa maison.

Les dames du palais de l'Impératrice,

Les dames d'honneur des princesses.

Le cortége se mettra en marche et traversera la grande galerie du Musée Napoléon pour se rendre dans la chapelle du Louvre, où le mariage doit être célébré.

PROGRAMME.

MARIAGE DANS LA CHAPELLE DU LOUVRE.

De chaque côté de la galerie du Muséum que doivent traverser LL. MM. pour se rendre à la chappelle du Louvre, il y aura deux rangs de banquettes pour les dames, et deux rangs d'hommes debout derrière elles, de manière à contenir, avec ordre, environt huit mille personnes. Elle sera divisée en salons numérotés, et dont les numéros seront inscrits sur chaque billet d'invitation.

Le premier salon près de la chapelle sera destiné aux sénateurs, conseillers-d'état, membres du Corps-Législatif, de la Cour de cassation, des autres Cours, tribunaux et autorités de Paris, et à leurs épouses ; le salon précédant immédiatement celui-là, sera réservé pour les personnes des autorités ci-dessus qui n'auraient pas pu être admises dans le premier salon, et pour les hommes et les dames présentés.

Devant les premières banquettes seront placés des barrières, pour que le passage de LL. MM. reste parfaitement libre.

Les personnes invitées n'entreront dans la galerie que par deux escaliers construits, l'un sur le quai, l'autre sur le carrousel, au pavillon de l'Horloge.

Le cortége seul entrera par la porte du pavillon de Flore, et la porte de la chapelle restera fermée jusqu'à l'arrivée du cortége de LL. MM. ; il n'y passera que les officiers du palais nécessaires pour le service.

M. le grand maréchal du palais sera chargé particulièrement de l'ordre de la police de cette galerie et de la chapelle.

La chapelle sera disposée de la manière suivante :

Autour de la salle il sera construit deux rangs de tribunes, contenant environ quatre cents personnes.

Ces tribunes seront divisées, entravées et numérotées : les numéros seront inscrits sur les billets qui seront distribués par le grand-maître des cérémonies. Dans les tribunes du premier rang, seront placés, le corps diplomatique, les princes de la Confédération, les officiers et dames des maisons de l'Empereur et des princes et princesses, qui ne seront pas du cortége, ainsi que les femmes des ministres et des grands-officiers de l'Empire. Les billets des tribunes du second rang seront distribués à des fonctionnaires publics et à leurs femmes.

En face et à trente pieds de l'autel, seront placés sous un dais et sur un estrade qui ira jusqu'aux marches de l'autel, deux fauteuils et deux prie-dieu pour LL. MM. II. Près de l'autel, on placera sur deux chandeliers les deux cierges destinés aux offrandes; dans chacun d'eux seront incrustées vingt pièces d'or; au bas des marches de l'autel seront deux carreaux pour LL. MM. On placera sur l'autel un bassin dans lequel seront les treize pièces d'or et l'anneau nuptial; au-dessus des degrés de l'autel, il sera placé un fauteuil pour le grand-aumônier officiant et deux autres fauteuils pour ses deux évêques assistans.

Des chaises, à droite de l'autel, pour les cardinaux; à gauche, des banquetres pour les évêques.

A droite et à gauche de l'estrade seront placés deux rangs de banquettes pour des députations du Sénat et du Corps-Législatif.

Le clergé, le corps diplomatique, les députations du Sénat, du Conseil-d'Etat, du Corps-Législatif, et les personnes qui doivent occuper les tribunes, entreront par la porte du Musée de sculpture, sur la place du Louvre.

A midi, toutes les personnes invitées devront être rendues dans les tribunes.

A midi et demi, le corps diplomatique et les députations des corps se rendront dans la chapelle pour occuper les places qui leur sont destinées.

A midi précis, toutes les portes de la galerie, et à une heure, toutes les portes de chapelle seront fermées, et on n'y laissera plus entrer personne.

A une heure et demie, l'officiant et les deux évêques assistans, suivis du Clergé, se rendront de la galerie d'Apollon dans la chapelle; ils seront reçus par le maître des cérémonies ecclésiastiques; l'officiant et les prélats assistans seront en chappe, les autres évêques en camail et en rochet, le curé de la paroisse de la Madeleine, en surplis et en étole, fera partie du clergé.

Arrivée du cortège dans la chapelle.

Lorsque le cortége qui a été ci-dessus décrit, arrivera à la porte de la chapelle, les huissiers, les hérauts d'armes et les pages s'arrêteront et borderont la haie dans la galerie; les maître et aides des cérémonies se tiendront à la porte de la chapelle, en dedans, pour indiquer à chaque personne du cortége, la place qui lui est destinée.

Les officiers de la maison du roi d'Italie et les officiers de la maison de l'Empereur, en entrant dans la chapelle, tourneront à gauche et se rangeront en haie près du mur.

Les grands-officiers de l'Empire et les Ministres se rangeront à droite près du mur.

Les Princes iront prendre leur place au bas de l'estrade, à droite du trône.

S. Em. le cardinal grand-aumônier de France, ayant pour assistant le grand-aumonier d'Italie, et suivi de son clergé, ira recevoir, à la porte, LL. MM., et leur présentera l'eau bénite et l'encens.

L'Empereur et l'Impératrice, précédés par le grand-maître des cérémonies, le grand-chambellan, le grand-écuyer, et suivis du grand-maréchal du palais, du colonel-général de la garde de service, iront se placer sur le trône.

L'impératrice se placera à la gauche de l'Empereur.

Le reste du cortége se placera dans l'ordre suivant :

A doite de l'Empereur, au bas de l'estrade :

Le prince Louis-Napoléon, roi de Hollande,

Le prince Jérôme-Napoléon, roi de Westphalie.

Le prince Borghèse, duc de Guastalla,

Le prince Joachim-Napoléon, roi de Naples,

Le prince Eugène-Napoléon, vice roi d'Italie,

Le grand-duc héréditaire de Bade,

Le prince archi-chancelier,

Le prince archi-trésorier,

Le prince-vice connétable,

Le prince vice-grand-électeur.

A gauche de l'Impératrice, au bas de l'estrade,

Madame,

La princesse Julie, reine d'Espagne,

La princesse Hortense, reine de Hollande,

La princesse Catherine, reine de Westphalie,

La princesse Elisa, grande-duchesse de Toscane,

La princesse Pauline,

La princesse Caroline, reine de Naples,

Le grand-duc de Wurtzbourg,

La princesse Auguste, vice-reine d'Italie,

La princesse Stéphanie, grande-duchesse héréditaire de Bade.

Les ministres et les grands-officiers de l'Empire se placeront derrière les princes;

Le colonel-général de la garde, le grand-maréchal, le grand-chambellan, le grand-écuyer et le premier aumônier de S. M. l'Impératrice, derrière S. M.

L'officier qui porte le manteau de chaque reine ou princesse, se tiendra derrière elle; les dames du palais, et après elles, les dames des princesses, en haie, à la gauche de l'estrade.

Le grand-maître des cérémonies, à droite, un peu en avant du prie-dieu de l'empereur, et au bas de l'estrade.

Les maîtres et aides des cérémonies, les uns à droite du grand-maître, les autres à gauche vis-à-vis de lui.

Derrière l'estrade, les officiers de la maison de l'Empereur et ceux des princes et princesses se placeront sur plusieurs rangs, depuis l'estrade jusqu'au fond de la salle.

Les huissiers, les hérauts d'armes et les pages, resteront dans la galerie.

Les huissiers garderont la porte de la chapelle.

Tout le cortége étant placé, le grand-aumônier officiant, averti par le grand-maître des cérémonies, après avoir fait une profonde révérence à LL. MM. II. entonnera le *Veni Creator*.

Après le premier verset, pendant lequel tout le monde sera à genoux, il ira s'asseoir dans un fauteuil placé sur la marche la plus élevée du sanctuaire, le dos tourné à l'autel, ayant à ses côtés MM. les évêques assistans, également assis dans des fauteuils, et commencera la cérémonie par la bénédiction des treize pièces d'or et de l'anneau, qu'un aumônier de l'Empereur lui présentera dans un bassin.

La bénédiction de l'anneau et des pièces d'or étant achevée, le grand-maître des cérémonies fera une révérence à l'Empereur et à l'Impératrice.

LL. MM. se rendront au pied de l'autel ; elles s'y tiendront debout en se donnant la main droite, après avoir ôté leurs gants ; le grand-chambellan recevra les gants de l'Empereur, et la dame d'honneur ceux de l'Impératrice.

L'officiant, adressant la parole à l'Empereur, lui dira :

« SIRE vous déclarez reconnaître et ju-
» rez devant Dieu et en face de sa sainte
» Eglise, que vous prenez maintenant pour
» votre femme et légitime épouse S. A. I.
» et R. madame MARIE-LOUISE, archi-
» duchesse d'Autriche, ici présente ? »

L'Empereur répond :

» Oui, Monsieur. »

L'officiant continue :

« Vous promettez et jurez de lui garder
» fidélité en toutes choses, comme un fidèle
» époux le doit à son épouse, selon le com-
» mandement de Dieu ? »

L'Empereur répond :

« Oui, Monsieur, »

L'officiant s'adressant ensuite à l'Impératrice :

« MADAME, vous déclarez et jurez devant
» Dieu et en face de la sainte Eglise, que

» vous prenez maintenant pour votre légi-
» time époux l'Empereur NAPOLÉON, ici
» présent ? »

L'Impératrice répond :

« Oui, Monsieur. »

L'officiant continue :

« Vous promettez et jurez de lui garder
» fidélité en toutes choses, comme une fi-
» dèle épouse le doit à son époux, selon
» le commandement de Dieu ? »

L'Impératrice répond :

« Oui, Monsieur. »

L'officiant remettra alors, successivement, à l'Empereur, les pièces d'or e.
l'anneau; Sa M. présentera les pièces d'or
à l'Impératrice.

L'Impératrice, après avoir reçu les pièces d'or des mains de l'Empereur, les remettra à sa dame d'honneur, qui se tiendra derrière elle; un aide des cérémonies
les recevra des mains de la dame d'honneur.

Ensuite l'Empereur placera l'anneau au
doigt annullaire de la main gauche de l'Impératrice, en disant :

« Je vous donne cet anneau en signe du
» mariage que nous contractons. »

L'officiant faisant le signe de la croix sur la main droite de l'Impératrice, dira : *In nomine Patris et Filii*, etc.

L'Empereur et l'Impératrice se mettront à genoux, et l'officiant tendant la main sur les époux, qui se donnent toujours la main droite, dira les deux oraisons : *Deus Abraham*, etc. *Respice, quæsumus, domine*, etc.

Après ces oraisons, l'Empereur et l'Impératrice retourneront à leurs fauteuils.

Après l'évangile, le premier évêque assistant, précédé par un maître et un aide des cérémonies, portera l'Evangile à baiser à l'Empereur et à l'Impératrice; et après avoir remis le livre de l'Evangile entre les mains du maître des cérémonies de la chapelle, il encensera LL. MM.

Après l'offertoire, l'officiant s'assiéra dans son fauteuil, ayant à sa droite et à sa gauche MM. les évêques. Dans le même moment, un aide des cérémonies saluera l'autel, l'Empereur et le roi de Hollande, désigné pour porter les honneurs de S. M. ;

il prendra le cierge destiné pour l'offrande de l'Empereur, dans lequel seront incrusté les vingt pièces d'or, et ira se mettre à genoux au pied de l'autel.

Le grand-maître des cérémonies fera une inclination profonde à l'Empereur, pour l'avertir de se rendre à l'offrande ; S. M. précédée par le grand-maître des cérémonies, le grand-chambellan, le grand-écuyer et le prince chargé des honneurs de l'Empereur, s'avancera vers l'autel, suivi du colonel-général de la garde de service, et du grand-maréchal du palais, se mettra à genoux sur un carreau, et présentera à l'officiant le cierge que S. M. aura reçu des mains du prince chargé des honneurs, à qui le grand-maître l'aura donné.

L'Empereur étant retourné à son fauteuil, un aide des cérémonie saluera l'autel d'Impératrice et la reine de Naples, chargée des honneurs de S. M., prendra le second cierge, et ira se mettre à genoux au pied de l'autel.

Un maître des cérémonies fera une profonde révérence à l'Impératrice, pour l'avertir de se rendre à l'offrande, S. M. ac

Sixième édition.

compagnée par la reine de Naples, et suivie par les princesses qui porteront son manteau, par ses dames d'honneur et sa dame d'atours, ira se mettre à genoux sur le carreau placé au pied de l'autel, et on observera, pour cette offrande, le même cérémonial qui aura été observé pour l'offrande de l'Empereur.

L'Impératrice retournera à son fauteuil.

Après le *Pater*, LL. MM., averties par le grand-maître des cérémonies, se rendront au pied de l'autel, et s'y mettront à genoux sur des carreaux.

M. l'évêque de Versailles, premier aumônier de S. M., et M. l'archevêque Ferdinand de Rohan, premier aumônier de l'Impératrice, étendront sur la tête de LL. MM. un poêle de brocard d'argent, et le tiendront ainsi étendu pendant l'oraison *Propitiare*, etc. et la préface.

La préface étant achevée, le grand-aumônier jettera de l'eau bénite sur l'Empereur et l'Impératrice, et continuera la messe : LL. MM. retourneront à leurs fauteuils.

Après l'*Agnus Dei*, un maître et un

aide des cérémonies, se rendront au pied de l'autel, et précéderont deux aumôniers de l'Empereur, qui porteront la paix à baiser à LL. MM. et les encenseront.

L'Empereur et l'Impératrice se mettront à genoux à l'*Ite, missa est*, et le grand-aumônier se tournant vers LL. MM., dira l'oraison *Deus Abraham, Deus Isaac*, etc. ensuite l'officiant donnera la bénédiction épiscopale.

Après la bénédiction, le grand aumônier ira présenter l'eau bénite à LL. MM., leur fera baiser le corporal; ensuite le grand aumônier retournera à l'autel, et entonnera le *Te Deum*.

Vers la fin du *Te Deum*, les maîtres et aides des cérémonies iront prévenir successivement toutes les personnes du cortège qui marchent devant l'Empereur.

SAVOIR:

Les Huissiers,
Les Hérauts d'armes,
Le chef des hérauts,
Les Pages,
Les aides des cérémonies,

Les maîtres des cérémoniers,
Les officiers de la maison du roi d'Italie,
Les écuyers et les chambellans,
Les aides-de-camp,
Les écuyers de jour,
Les quatre chambellans de jour,
L'aide-de-camp de jour,
Le gouverneur du Palais,
Les grands-aigles de la Légion d'honneur,
Les grands-officiers de l'Empire,
Les ministres du roi d'Italie,
Les ministres de l'Empereur.

Toutes ces personnes passeront dans la galerie et s'y rangeront dans l'ordre ci-dessus.

Après le *Te Deum*, le grand-maître des cérémonies fera une révérence à LL. MM. pour les prévénir que la cérémonie est achevée.

Alors les grands officiers de la couronne et les princes se mettront en marche pour reprendre leur rang dans le cortége.

LL. MM. descendront du trône.

LL. MM. se mettront en marche, suivies comme elles l'ont été pour arriver.

L'Empereur suivi du grand-maréchal et du colonel-général de la garde;

L'Impératrice, de la dame d'honneur de France, de celle d'Italie, de la dame d'atours, de son premier écuyer et de son premier aumônier.

L'Empereur donnant la main à l'Impératrice.

Lorsque LL. MM. sortiront de la chapelle, les princesses les suivront dans le même ordre qui a déjà été observé.

Les dames du palais de l'Impératrice marcheront après les princesses.

Les dames des princesses fermeront la marche.

Le cortége, après être sorti de la galerie du Muséum, s'arrêtera dans la galerie de Diane.

L'Empereur, l'Impératrice et la famille impériale entreront dans le salon de l'Empereur.

L'Impératrice étant alors entrée dans la chambre à coucher, la dame d'honneur ainsi que la dame d'atours lu ôteront le manteau impérial et la couronne, pour les remettre au grand-chambellan, qui les fera reporter en cérémonies à Notre-Dame.

S. M. fera sa toilette pour le banquet, qui aura lieu le même jour, à sept heures.

Programme des fêtes municipales qui auront lieu dans Paris le jour du mariage de LL. MM. II. et RR.

Le conseiller-d'état préfet de la Seine, comte de l'Empire, grand-officier de la légion d'honneur, chevalier de l'ordre royal de la Couronne-de-Fer,

Arrête ainsi qu'il suit, en conséquence des dispositions adoptées par S. Exc. le ministre de l'intérieur, le programme des cérémonies qui seront observées en ce qui concerne les autorités municipales, et des fêtes qui seront données par la ville de Paris à l'occasion du mariage de LL. MM. II. et RR., le jour de leur entrée dans la capitale.

Art. 1. Le lundi 2 avril, les autorités ressortissant de la prféecture de la Seine, seront assemblées à l'Hôtel-de-ville, et celles dépendant de la préfecture de police à l'hôtel de ladite préfecture, et de là se rendront en cortège, deux heures avant l'arrivée de LL. MM. II. et RR., au grand arc-de-triomphe de la barrière des Champs-Elysées.

2. Le cortège qui partira de l'Hôtel-de-Ville, suivra les quais jusqu'à celui des Tuileries, la place de la Concorde et la grande avenue des Champs-Elysées.

3. Au moment où les voitures de LL. MM. II. et RR. paraîtront sous l'arc de triomphe, le conseiller-d'état préfet de la Seine s'avancera pour complimenter LL. MM. au nom de la ville de Paris.

4. Lorsque la marche de LL. MM. se continuera, les fonctionnaires municipaux seront admis à l'honneur d'accompagner LL. MM.; ils marcheront à la droite et à la gauche de la voiture de l'Empereur jusqu'au palais des Tuileries.

5. Douze orchestres placés le long de l'avenue des Champs-Elysées, exécuteront des fanfares et des airs de musique pendant que le cortège de LL. MM. suivra l'avenue.

(104)

6. Immédiatement après le passage de LL. MM. commenceront, sur divers points des Champs-Elysées, et notamment dans le grand carré des jeux, et dans le carré de Marigny, des danses de cordes et de voltige, des exercices d'équitation, des pantomimes et autres jeux, exercices et divertissemens qui se prolongeront dans la nuit.

7. Des orchestres pour la danse et des orchestres de musique seront placés sur un grand nombre de points des Champs-Elisées, et joueront sans interruption pendant toute la durée des jeux.

8. Deux heures après que le cortège de LL. MM. aura défilé, des fontaines de vin seront ouvertes dans les Champs-Elysées, le long de l'avenue des Princes et du Cours-la-Reine, et en même tems commenceront, dans les buffets de comestibles, les distributions aux porteurs de billets de loteries qui auront été tirées, le dimanche premier avril à trois heures, sur les douze places publiques, ci après désignées, Savoir :

Pour le premier arrondissement, place Sainte-Croix, Chaussée d'Antin.

2. Marché des Jacobins.

3. Place des Victoires.
4. Marché des Innocens.
5. Place de la Fidélité à Saint-Laurent.
6. Place du Temple.
7. Place de l'Hôtel-de-Ville.
8. Place des Vosges.
9. Placé de la Bastille.
10. Place du Corps-Législatif.
11. Place de l'Odéon.
12. Place de l'Estrapade.

9. Le lundi soir, en même tems que le palais et le jardin des Tuileries s'illumineront, et avant le feu d'artifice, il sera fait de grandes illuminations

Sur la place de la Concorde.

Dans la rue de la Concorde, jusqu'au temple de la Gloire.

Sur le pont de la Concorde, jusqu'au palais du Corps-Législatif.

Dans toute la longueur de la grande avenue des Champs-Elysées.

A la barrière des Champs-Elisées.

Dans le grand carré des Jeux,

Dans le grand carré de Marigny,

Dans le carré de l'Elysée,

Et dans la totalité des quinconces.

5 *

10. Il y aura également, à la même heure, de grandes illuminations à tous les établissemens dépendans du département de la Seine et de la ville de Paris, et particulièrement à l'hôtel-de-ville, dans les douze mairies, sur les tours de l'église de Notre-Dame et de plusieurs autres églises, à la fontaine des Innocens, au Château-d'Eau, place du palais-Royal, au palais de Justice etc.

Programme des cérémonies observées pour le Baptême de Sa Majesté le Roi de Rome.

Cette fête destinée à célébrer la naissance du Roi de Rome, le jour même de la cérémonie de son baptême, fête qui, sur tous les points de l'Empire et dans une si grande partie de l'Europe, a fait entendre à-la-fois les mêmes accens d'allégresse, a commencé à Paris le 8 juin. A quatre heures, tous les spectacles ouverts gratuitement, ont été remplis d'une foule immense, qui a saisi avec un empressement et une intelligence qui appartiennent bien au caractère français, toutes les allusions que le spectacle pouvait offrir à la circonstance, et accueilli avec les plus vifs applaudissemens les productions nombreuses qu'elle avait fait naître. C'est en chantant et en répétant dans toutes les parties de la ville les refreins qu'elle venait d'entendre, que cette multitude est sortie des théâtres, où son allégresse et son enthousiasme avaient si vivement éclaté.

A sept heures du soir, LL. MM. II. et le Roi de Rome sont arrivés de Saint-Cloud au palais des Tuileries : un concours nombreux leur servait de cortège ; la cour du palais et la terrasse du jardin ont été à l'instant couverts d'une foule de spectateurs, et les cris de *vive l'Empereur! vive l'Impératrice! vive le Roi de Rome!* ont retenti de toutes parts.

Le 9, à deux heures, tous les postes des lieux que devait traverser le cortège ont été occupés par la garde impériale et les troupes de ligne formant la garnison de Paris : les Tuileries, la place de la Concorde, les boulevards, étaient garnis de spectateurs; un grand nombre d'édifices et de maisons particulières étaient revêtues de tapisseries, de feuillages, et offraient dans leur direction des emblèmes ingénieux.

A cinq heures, les chasseurs de la garde formant la tête du cortège, se sont mis en mouvement; à cinq heures et demie, le canon, qui depuis la veille, se faisait entendre de distance en distance, a annoncé la sortie de LL. MM. du palais des Tuileries, précédées, accompagnées et suivies conformément au programme du cérémonial. Pour la première fois, tous les regards ont pu se porter sur l'auguste enfant dont le nom royal allait être consacré sous les auspices de la religion. L'effet que sa vue a produit sur toutes les ames est inexprimable; *vive le Roi de Rome!* a été une acclamation non interrompue sur tous les lieux du passage. LL. MM. étaient saluées du même cri auquel leurs noms augustes se mêlaient dans toutes les bouches avec l'accent de l'amour, du respect et de la reconnaissance; elles ont paru sensibles à ce double hommage qui n'en formait réellement qu'un seul, et elles ont daigné en donner les plus touchans témoignages à la foule répandue sur leur passage.

Le Sénat était parti à quatre heures de son palais; le conseil-d'état, des Tuileries, le Corps-Législatif, de son palais; la Cour de Cassation, la Cour des comptes, le conseil de l'Université, précédant le grand-maître, du lieu ordinaire de leurs séances; le corps municipal de Paris, et les maires et députés des 49 bonnes villes appelés à l'Hôtel-de-ville de Paris; ces différens corps ont marché sous l'escorte qui leur avait été assignée.

Il avait été construit, devant la principale porte de l'église de Notre-Dame, pour l'arrivée et le départ du cortège, un portail en forme de tente, soutenu par des colonnes et orné de draperies et de guirlandes; l'intérieur de l'église était richement décoré.

Les tribunes du chœur étaient occupées à droite par les princes étrangers, à gauche par le corps diplomatique, dans le pourtour par les femmes des ministres et des grands-officiers et par les maisons de la famille impériale.

Tous les cardinaux et les évêques étaient placés dans le sanctuaire.

Dans le chœur, le Sénat et le Conseil-d'Etat, ayant derrière eux les maires et députés des bonnes villes.

Dans la partie supérieure de la nef, étaient placés à droite et à gauche, selon leur rang, le Corps-Législatif, la Cour de cassation, les grands-officiers de la Légion d'honneur, la Cour des comptes, le conseil de l'Université, la Cour impériale, l'état-major de Paris; le reste de la nef et les travées de la nef et du chœur étaient remplis par les personnes invitées.

A cinq heures et demie le clergé est entré processionnellement dans l'église, et est allé occuper les places qui lui étaient destinées.

Un peu avant sept heures, le cortège impérial est arrivé; LL. MM. ont été reçues à la porte de l'église par le cardinal grand-aumônier, qui leur a présenté l'eau bénite. Le cortège s'est avancé dans l'ordre suivant.

Les huissiers,
Les hérauts d'armes ;

Le chef des hérauts d'armes;
Les pages,
Les aides des cérémonies;
Les officiers d'ordonnance de service;
Les maîtres des cérémonies;
Les préfets du palais de service;
Les officiers de service près le Roi de Rome;
Les écuyers de l'Empereur de service ordinaire et extraordinaire;
Les chambellans de service ordinaire et extraordinaire;
Les écuyers de jour;
Les chambellans de jour;
Le premier écuyer;
Les grands-aigles de la Légion-d'honneur;
Les grands-officiers de l'Empire;
Les ministres,
Le grand-chambelland, le grand-écuyer et le grand-maître des cérémonies;
Les honneurs de l'enfant, savoir :
Le cierge porté par S. A. Mad. la princesse de Neufchâtel;
Le chrémeau, porté par Mad. la princesse Aldobrandini;

La salière, portée par Mad. la comtesse de Bauveau.

Les honneurs des parrain et marraines, savoir :

Le bassin, porté par Mad. la duchesse d'Alberg.

L'aiguiere, portée par Mad. la comtesse de Vilain XIV.

La serviette, portée par Mad. la duchesse de Dalmatie.

Devant le roi de Rome, à droite, S. A. I. et R. Monseigneur le grand-duc de Wurtzbourg, représentant S. M. l'Empereur d'Autriche, parrain; à gauche, S. A. I. Madame, marraine; et S. M. la Reine Hortense, représentant S. M. la Reine de Naples, marraine.

Le Roi de Rome porté par Mad. la gouvernante, et revêtu d'un manteau d'un tissu d'argent, doublé d'hermine, ayant à droite et à gauche les deux sous-gouvernantes et sa nourrice; la queue du manteau de S. M. porté par M. le maréchal duc de Valmy.

L'Impératrice sous son dais, porté par

des chanoines, la queue du manteau de S. M. portée par son premier écuyer.

La dame d'honneur et la dame d'atours, le chevalier d'honneur et le premier aumônier, à droite et à gauche du dais;

Derrière le dais, S. A. I. Mad. la princesse Pauline, la queue du manteau de S. A. portée par un officier de sa maison;

Les dames du palais;

LL. AA. SS. le duc de Parme, archichancelier de l'Empire; le prince de Neuchâtel et de Wagram, vice-connétable; le prince de Bénévent, vice-grand-électeur;

LL. AA. II. le prince Borghèse, duc de Guastalla, et le prince Eugène, vice-roi d'Italie, grand-duc héréditaire de Francfort.

LL. MM. le prince Joseph-Napoléon, roi d'Espagne, et le prince Jérôme-Napoléon, roi de Westphalie.

L'Empereur sous son dais, porté par des chanoines.

A droite et à gauche du dais, les aides-de-camp de S. M.

Derrière le dais de S. M. le colonel-général de la garde de service, le grand-maréchal et le premier aumônier.

Les dames d'honneur des princesses;

Les dames et officiers de service près LL. AA. II.

L'Empereur et l'Impératrice s'étant placés sur leur prie-dieu, dans la partie supérieure de la nef, le Roi de Rome à droite de l'Empereur, les parrain et marraines à droite du Roi de Rome, et les princes et princesses, les ministres, les grands-officiers et les grands-aigles, les dames et officiers ayant pris place autour de LL. MM. selon leur rang, le grand aumônier a entonné le *Veni creator*, après lequel S. Em. s'est rendue à l'entrée du chœur; Mad. la gouvernante, avertie par le grand-maître des cérémonies, a conduit le Roi de Rome à la grille du chœur; et S. Em. a fait la cérémonie des cathécumènes.

Cette cérémonie achevée, et le grand-maître des cérémonies ayant prévenu LL. MM., M. le cardinal a conduit l'enfant par les langes dans le chœur, et LL. MM. toujours entourées des princes et princesses, précédées et suivies de leurs grands-officiers et officiers, sont allées prendre place sur leur trône dans le chœur, pour la cérémonie du baptême; le cortège occupait autour du trône les mêmes places qu'autour des prie-dieu. Après la cérémonie du baptême, le grand-maître ayant fait une révérence à LL. MM. et au Roi de Rome, Mad. la gouvernante a remis le Roi de Rome entre les mains de l'Impératrice, M. Duverdier, chef des hérauts d'armes, s'est avancé au milieu du chœur et a crié trois fois *vive le Roi de Rome!* Ces cris répétés par tous les spectateurs se sont prolongés un très-long temps, pendant lequel l'Impératrice debout tenait son enfant sur les bras; l'Empereur l'ayant pris dans les siens l'a élevé avec une émotion touchante qui a pénétré tous les cœurs du plus vif enthousiasme. L'orchestre, composé des musiciens de la chapelle impériale et conduit par M. Lesueur, directeur de la musique de S. M., a exécuté le *Vivat*.

Après cette proclamation, Mad. la gouvernante ayant repris l'enfant, a fait une révérence à l'Empereur, et le Roi de Rome, accompagné de son cortège, est sorti par la porte du sanctuaire pour se rendre à l'archevêché, d'où il est parti pour retourner aux Tuileries.

Ensuite le grand-aumônier a entonné le *Te Deum*, qui a été exécuté par l'orchestre.

Le *Te Deum* a été suivi du *Domine salvum*, après lequel S. Em. a donné la bénédiction épiscopale.

LL. MM. reconduites par S. Em. jusqu'à la porte de l'église avec le même cerémonial qu'à l'arrivée, ont recueilli de nouveau les témoignages universels de l'amour et de l'allégresse publics, et sont remontées en voiture pour se rendre avec leur cortège à la fête de l'Hôtel-de-ville.

LL. MM. sont arrivées à huit heures; le corps municipal a été les recevoir. M. le conseiller-d'état préfet, comte Frochot, a eu l'honneur de les haranguer au nom de la ville de Paris, et les a conduites dans les appartemens qui leur étaient destinés après avoir traversé la salle du trône, où se trouvaient seulement les personnes de la suite de LL. MM., les maires et députés des bonnes villes, et les magistrats de Paris. Les salles des Fastes préparée pour le concert, et de Saint-Jean disposée pour le banquet, étaient occupées par les personnes invitées.

L'Empereur a daigné recevoir dans son appartement quatre présentations :

Première présentation. Les conseillers d'état préfets de la Seine et de police, le maître des requêtes chargé des travaux de Paris et du canal de l'Ourq, les secrétaires-généraux des deux préfectures, les sous-préfets du département, le conseil de préfecture, le directeur des contributions, le receveur-général du département, le médecin du département et des prisons, l'architecte et les ingénieurs en chef le couseil, les notaires, et les avoués de la préfecture.

Seconde présentation. Les maires et adjoins, les membres du conseil municipal.

Troisième présentation. Le conseil d'administration, et la commission des hospices et secours, le directeur du Mont-de-Piété.

Quatrième présentation. La chambre de commerce.

Le grand-maréchal du palais ayant averti l'Empereur qu'il était servi, S. M. a traversé de nouveau la salle du Trône pour se rendre à l'appartement de l'Impératrice, d'où LL. MM. sont allé prendre place au banquet dans l'ordre suivant :

L'Empereur ; à sa gauche, l'impératrice, la reine de Hollande, la princesse Borghèse, le grand-duc de Wurtzbourg, le grand-duc de Francfort ; à sa droite, Madame mère, le roi d'Espagne, le roi de Westphalie, le prince Borghèse, le prince vice-roi.

La table était placée sur une estrade ; les deux fauteuils de LL. MM. surmontés d'un dais ; les dames du palais et les personnes du cortége de LL. MM. étaient placées au bas de l'estrade en face de la table. Le service a été fait par les officiers de la maison de S. M. La décoration de la salle offrait les armes de 49 bonnes villes, Paris, Rome, Amsterdam placées les premières, les 46 autres par ordre alphabétique.

Après le banquet, LL. MM. sont allées prendre place dans la salle du concert.

Le Conservatoire impérial a exécuté devant elles une cantate intitulée *le Chant d'Ossian*, et dont les paroles sont de M. Arnault et la musique de M. Méhul, tous deux membres de l'Institut.

Cette cantate a produit la plus vive sensation. M. Lays chantait la partie d'Ossian : le chœur *des Ombres héroïques*, placé dans une tribune élevée, formait un contraste heureux avec la partie qui avait précédé : l'illusion était complette ; l'effet dramatique, et cette belle composition, exécutée avec beaucoup d'ensemble, a réuni tous les suffrages.

Après le concert, LL. MM. se sont rendues dans la salle du trône, où toutes les personnes invitées se sont trouvées réunies, et faisaient cercle ; l'Empereur a daigné le parcourir en s'adressant avec la plus touchante affabilité au plus grand nombre des personnes qui le composaient, et leur a laissé en échange de leur hommage respectueux, le souvenir de ses paroles bienveillantes.

Avant de se retirer, LL. MM. ont été invitées à passer dans le jardin factice qui avait été formé au-dessus de la cour de l'Hôtel-de-Ville : la décoration en était très-élégante : au fond du jardin, le Tibre était figuré par d'abondantes eaux, dont le cours était disposé avec beaucoup d'art et répandait une douce fraîcheur.

LL. MM. ont quitté l'Hôtel-de-ville vers ouze heures et demie ; après leur départ, le bal s'est ouvert dans la salle du trône ; il a été très-brillant, très-animé, coupé à une heure par un magnifique souper, et il a continué long-tems après la naissance du jour.

Une seconde partie de la fête avait été disposée à l'extérieur par le corps municipal. Dans la matinée du même jour, les mariages des jeunes filles pauvres dotées par la ville, et unies à des militaires, ont été célébrés dans chaque arrondissement municipal. Les réjouissances publiques ont consisté en jeux de toutes espèces, et distributions aux Champs-Elysées.

Les jeux ont commencé à deux heures au carré Marigny et au grand carré des Champs-Elysées. On y avait disposé sur divers points des théâtres des danseurs de corde, et de voltigeurs, des sauteurs et des faiseurs de tours de force et d'adresse, etc., etc.

A trois heures, les exercices d'équitation ont commencé, ainsi que ceux d'exercice et de voltige, dans un cercle placé au milieu du grand carré; un grand tournois, composé de six escadrilles de cinq chevaux chacun de quatre hérauts d'armes, douze trompettes, un juge, quatre hérauts de banc, et six porte bannières, a succédé aux exercices de ce tournois, les coureurs ont exécuté le jeu de bague, la course à l'épée, au pistolet, le combat de la lance et celui au sabre. Le vainqueur a été promené en triomphe et aux acclamations d'une multitude innombrable de spectateurs.

Les mâts de cocagne, les jeux de bague et les orchestres de danse occupaient le carré Marigni. Tous ces divertissemens ont duré jusqu'au feu d'artifice.

Ce feu a été tiré sur la place de la Concorde; il été divisé en trois actes, et offrait dans chacun d'eux des décorations emblématiques et allégoriques très-ingénieusement disposées. Après l'explosion de la grande

Sixième édition. 6

girande, un ballon lumineux s'est élevé et s'est perdu dans les airs.

L'illumination du palais des Tuileries, celle du Carrousel formant un nouvel ordre d'architecture en harmonie avec les deux galeries, celle du jardin, des Champs-Elysées et de la place de la Concorde étaient d'une très-grande richesse. Le palais du Corps-Législatif en offrait une dont la disposition était d'un effet neuf et d'une extrême élégance dans son apparente simplicité. Tous les édifices publics étaient aussi décorés d'illuminations brillantes : beaucoup de maisons particulières avaient composé leur décoration d'emblèmes, de transparens et de devises.

DEUILS DE COUR.

Les deuils de cour sont portés par l'Empereur, l'Impératrice, les Princes et Princesses, les Ministres, les Grands-Officiers de l'Empire, civils et militaires, et les officiers de la maison de l'Empereur, de l'Impératrice, des Princes et Princesses, les Sénateurs, les Conseillers-d'Etat; les Léislateurs pendant leur session ; le Grand-Procureur-Général, et les Magistrats du Parquet de la Haute-Cour Impériale, les Magistrats de la Cour de Cassation, les Officiers de la Garde-Impériale, et toutes les personnes présentées à Leurs Majestés.

Le deuil de l'Empereur est porté par tous les officiers de l'armée, et la cravatte des drapeaux, étendars et guidons sont en noir.

Le grand deuil se partage en trois tems : 1°. la laine ; 2°. la soie et les pierres noires ; 3°. le petit deuil et les diamans.

Habillement des hommes.

L'Empereur porte le grand deuil en violet ; habit de drap boutonné tout le long, etc.

L'habillement des autres personnes pour le grand deuil, est cheveux sans poudre, habit de drap noir, etc.

Habillement des femmes.

Pour le grand deuil, vêtement de laine noire, etc.

Pendant le grand deuil, dans les grandes cérémonies, les hommes ajoutent à leur costume un manteau, une crêpe pendant au chapeau et une cravatte longue. Le manteau de l'Empereur est en violet; celui des autres personnes est en étoffe de laine noire.

La durée du grand deuil, pour l'empereur, est de trois mois; pour l'Impératrice deux, etc.

DEUILS PARTICULIERS.

Les grands deuils se portent pour père, mère, grand-père, grand'-mère, mari, femme, frère et sœur.

La durée est de six mois pour père et mère.

Habillement des dames.

Les six premières semaines, vêtement de laine noire, etc.

Habillement des hommes.

Les six premières semaines, les cheveux sans poudre, l'habit de drap, sans boutons, bas de l'aine, etc.

La durée du deuil, pour grand-père et grand'-mère, quatre mois et demi.

Pour un mari un an et six semaines.

Pour une femme, six mois.

Pour frère et sœur, deux mois.

Deuil ordinaire pour les oncles et tantes, trois semaines.

Pour cousins-germains, quinze jours.

~~~~~~~~~~~~~~~~~~~~~~~~~~~

ÉTYMOLOGIE ET ORIGINE DES TITRES ET QUALITÉS.

Noblesse. Du latin *nobilitas*.

C'est une prérogative qui distingue du commun des hommes ceux qui en sont décorés, et les fait jouir de plusieurs privilèges. Quelques-uns rapportent l'origine de la *noblesse* de l'Europe aux Goths. Après avoir envahi une partie de l'Europe, ils récompensèrent leurs capitaines par des titres d'honneur, et les appelèrent *nobles*, pour les distinguer du simple peuple.

Il n'y a point de nation policée qui n'ait eu quelque idée de la noblesse. Elle exista chez le peuple Juif, à Athènes, à Sparte, à Rome, et chez les anciens Gaulois. Elle fut abolie pendant la révolution en France et vient d'y être recréée et régénérée par un décret impérial en date du 1er. mars 1808.

Blason. L'étymologie de ce mot est incertaine; mais la plus commune opinion est qu'il vient de l'allemand *Blasen*, qui signifie sonner du cor, parce que ceux qui se présentaient aux lices des anciens tournois, sonnaient du cor pour faire savoir leur arrivée, ensuite les hérauts sonnaient de leur trompette, et décrivaient à haute voix les armoiries de ceux qui se présentaient, ce qui s'appelait *blasonner*.

On entend par *blason*, la devise et les armes qui sont dépeintes sur un écu ou écusson, telles que les portaient les anciens chevaliers, ou l'assemblage de tout ce qui compose l'écu armorial.

Armoiries. Ce mot vient d'*armure*, parce que les *armoiries* se portaient principalement sur le bouclier, sur la cuirasse et sur les bannières, et qu'elles ont pris leur origine des *armes*.

Les armoiries sont des marques de noblesse et de dignité, composées régulièrement de certaines figures et d'émaux, données ou autorisées par les souverains pour la distinction des personnes et des familles. Leur première institution remonte aux tournois célèbres vers le milieu du dixième siècle. Ce fut Henri Ier., surnommé l'*Oiseleur*, qui les institua l'an 934, à Gottinger.

L'usage de mettre des couronnes au-dessus des écus d'armoiries, n'a été introduit par nos souverains que sous le règne de Charles VI. Les Ducs et les Comtes n'ont pris cet ornement au-dessus de leurs armes que depuis 1500. la couronne de Baron était autrefois la marque de la plus grande noblesse.

On n'a mis le manteau ducal derrière les écus que vers le milieu du dix-septième siècle, et à l'entour ont été placés les colliers des ordres.

Majorats. Du latin *majoratus*, droit d'aînesse par lequel les aînés des Princes, Ducs, Comtes, Barons et Chevaliers succèdent à leurs principales terres ou biens, sans aucun partage avec leurs cadets, et sans aucune charge d'hypothèque.

Ce droit existait en Espagne pour les Ducs et les titulaires de grandesse.

Voyez les décrets y relatifs, dans cet ouvrage.

EMPEREUR. Du latin *Imperator*.

Ce nom, lors de l'existence de la république romaine, était une qualité que les soldats romains déféraient à leurs généraux, sur le champ de bataille, après quelque avantage remporté sur l'ennemi.

Charlemagne fut le premier Empereur de France. Quelques-uns de ses successeurs ont conservé ce titre ou se le sont donné quand ils régnaient avec leurs fils, qu'ils avaient associés à leur couronne.

Napoléon-le-Grand fut créé Empereur des Français par le sénatus-consulte organique du 28 floréal an 12.

ROI. Ce mot vient du latin *rex*, du verbe *regere*, qui signifie régir, gouverner.

Ce titre remonte très-haut et a existé chez toutes les nations.

RÉGENT. RÉGENTE. Du latin *regere*.

Ce titre se donne à celui ou à celle qui gouverne l'état pendant la minorité des rois ou dans quelques autres circonstances, comme absence, maladie, etc.

Sous les deux premières races, le Roi n'étant majeur qu'à 22 ans, la puissance des régents était très-grande. Ils scellaient même les actes de leur propre sceau.

Cet usage était fondé sur l'opinion que le Roi n'était point Roi qu'il n'eût été sacré, et ce sacre était différé par le régent le plus long-tems qu'il pouvait. Ce fut presque toujours le privilége des Reines-Mères d'être régentes de leurs fils mineurs.

SÉNATUS CONSULTE ORGANIQUE,

Concernant la régence de l'Empire, et le sacre et couronnement de l'Impératrice et du prince impérial Roi de Rome.

NAPOLÉON, par la grâce de Dieu et par les constitutions, Empereur des Français, roi d'Italie, protecteur de la confédération du Rhin, médiateur de la confédération Suisse, etc. etc. etc., à tous présens et à venir, salut.

Le Sénat après avoir entendu les orateurs du conseil d'état, a décrété et nous ordonnons ce qui suit :

6 *

Extrait des registres du Sénat conservateur, du vendredi 5 février 1813.

Le Sénat conservateur, réuni au nombre de membres prescrit par l'article 90 de l'acte des constitutions du 13 décembre 1799.

Vu le projet de sénatus-consulte-organique, rédigé en la forme prescrite par l'article 57 de l'acte des constitutions du 4 août 1802.

Après avoir entendu, sur les motifs dudit projet, les orateurs du conseil d'état, et le rapport de la commission spéciale, nommée dans la séance du 2 de ce mois,

L'adoption ayant été délibérée au nombre de voix prescrit par l'article 56 de l'acte des constitutions en date du 4 août 1802, Décrète :

TITRE PREMIER.

De la Régence.

Art. premier. Le cas arrivant où l'Empereur mineur monte sur le trône sans que l'Empereur son père ait disposé de la régence de l'Empire, l'Impératrice mère réunit de droit à la garde de son fils mineur, la régence de l'Empire.

2. L'Impératrice-régente ne peut passer à de secondes noces.

3. Au défaut de l'Impératrice, la régence, si l'Empereur n'en a autrement disposé, appartient au premier prince du sang, et, à son défaut, à l'un des autres princes français, dans l'ordre de l'hérédité de la couronne.

4. S'il n'existe aucun prince du sang habile à exercer la régence, elle est déférée de droit au premier des princes grands-dignitaires de l'empire, en fonctions au moment du décès de l'Empereur; à l'un, à défaut de l'autre, dans l'ordre suivant, savoir :

Le premier, l'archichancelier de l'empire ;

Le second, l'archichancelier d'état ;

Le troisième, le grand-électeur ;

Le quatrième, le connétable ;

Le cinquième, l'architrésorier ;

Le sixième, le grand-amiral.

5. Un prince français assis sur un trône royal étranger, au moment du décès de

l'Empereur, n'est pas habile à exercer la régence.

6. L'Empereur ne nommant de vice-grands-dignitaires que quand les titulaires sont appelés à des couronnes étrangères, les vice-grands-dignitaires exercent les droits des titulaires qu'ils suppléent, même en ce qui touche l'entrée au conseil de régence.

7. Les princes titulaires des grandes dignités de l'Empire qui, d'après l'article 51 de l'acte des constitutions du 18 mai 1804, se trouvent privés de l'exercice de leurs fonctions, au moment du décès de l'Empereur, ne reprennent leurs fonctions que lorsqu'ils sont rappelés par la régente ou le régent.

8. Pour être habile à exercer la régence, et pour entrer au conseil de régence, un prince français doit être âgé au moins de vingt-un ans accomplis.

9. Tous les actes de la régence sont au nom de l'Empereur mineur.

TITRE II.

De la manière dont l'Empereur dispose de la Régence.

10. L'Empereur dispose de la régence, soit par acte de dernière volonté rédigé dans les formes établies par le statut du 30 mars 1806, soit par lettres-patentes.

TITRE III.

De l'étendue du pouvoir de de la Régence, et de sa durée.

11. Jusqu'à la majorité de l'Empereur, l'Impératrice-régente ou le prince-régent exerce, pour l'Empereur mineur, toute la plénitude de l'autorité impériale.

12 Leurs fonctions commencent au moment du décès de l'Empereur.

13. L'Impératrice-régente nomme aux grandes dignités et aux grands offices de l'Empire et de la couronne, qui sont ou deviennent vacans durant sa régence.

14. L'Impératrice-régente ou le régent nomment, révoquent tous les ministres sans exception, et peuvent élever des citoyens au rang de sénateurs, conformément a l'art.

57 de l'acte des constitutions du 18 m[ai] 1805.

15. Si l'Empereur mineur décède laissan[t] un frère héritier du trône, la régence d[e] l'Impératrice ou celle du prince régen[t] continue sans aucune formalité nouvelle.

16. La régence de l'Impératrice cesse s[i] l'ordre d'hérédité appelle au trône un prince qui ne soit pas son fils. Il est pourvu dans ce cas, à l'exercice de la régence jusqu'à la majorité du nouvel Empereur.

17. Si l'Empereur mineur décède laissant la couronne à un Empereur mineur d'une autre branche, le prince-régent conservera l'exercice de la régence jusqu'à la majorité de l'Empereur.

18. Le prince français ou le prince grand-dignitaire qui exerce la régence, par défaut d'âge ou autre cause d'empêchement du prince appelé avant lui à la régence par les constitutions, conserve la régence jusqu'à la majorité de l'Empereur.

Le prince français qui s'est trouvé empêché, pour quelque cause que ce soit, d'exercer la régence au moment du décès de l'Empereur, ne peut, l'empêchement cessant, reprendre l'exercice de la régence.

Titre IV.

Du Conseil de Régence.

Section Ire

De la formation du Conseil de Régence.

19. Le conseil de régence est composé du premier prince du sang, des princes du sang, oncles de l'Empereur, et des princes grands-dignitaires de l'Empire.

20. S'il n'existe qu'un prince, oncle de l'Empereur, ou s'il n'en existe pas du tout, un prince français, dans le premier cas, et deux dans le second, les plus proches parens de l'Empereur dans l'ordre de l'hérédité, ont entrée au conseil de régence.

21. L'Empereur, soit par ses lettres-patentes, soit par son testament, ajoute au conseil de régence le nombre de membres qu'il juge convenable.

22. Aucun des membres du conseil de régence ne peut être éloigné de ses fonctions par l'Impératrice-régente ou le régent.

23. L'Impératrice-régente ou le régent président le conseil de régence, ou délèguent, pour présider à leur place, un des princes français ou un des princes grands-dignitaires.

Section II.

Des délibérations du Conseil de Régence.

24. Le conseil de régence délibère nécessairement à la majorité absolue des voix,

1°. Sur le mariage de l'Empereur;

2°. Sur les déclarations de guerre, la signature des traités de paix, d'alliance ou de commerce;

3°. Sur toute aliénation ou disposition, pour former de nouvelles dotations, des immeubles ou des valeurs immobilières, composant le domaine extraordinaire de la couronne;

4°. Sur la question de savoir s'il sera nommé, par le régent, à une ou plusieurs des grandes dignités de l'Empire, vacantes durant la minorité.

25. Le conseil de régence fait les fonctions de conseil privé, tant pour le recours

en grâce que pour la rédaction des sénatus-consultes.

26. En cas de partage, la voix de l'Impératrice ou du régent est prépondérante.

Si la présidence est exercée par délégation, l'Impératrice-régente ou le régent décide.

27. Sur toutes les autres affaires renvoyées à son examen, le conseil de régence n'a que voix consultative.

28. Le ministre secrétaire d'état tient la plume aux séances du conseil de régence, et dresse procès-verbal de ses délibérations.

Titre V.

De la garde de l'Empereur mineur.

29. La garde de l'Empereur mineur, la surintendance de sa maison et la surveillance de son éducation, sont confiées à sa mère.

30. A défaut de la mère, ou d'un prince désigné par le feu Empereur, la garde de l'Empereur est confiée, par le conseil de régence, à l'un des princes titulaires des grandes dignités de l'empire.

31. Ce choix se fait au scrutin, à la majorité absolue des voix; en cas de partage le régent décide.

TITRE VI.

Du serment de l'Impératrice-régente et de celui du prince-régent pour l'exercice de la Régence.

SECTION Ire.

Du serment de l'Impératrice-Régente.

32. Si l'Impératrice-régente n'a pas prêté serment du vivant de l'Empereur, pour l'exercice de la régence, elle le prête dans les trois mois qui suivent le décès de l'Empereur.

33. Le serment est prêté à l'Empereur mineur assis sur le trône, assisté du prince archichancelier de l'Empire, des princes français, des membres du conseil de régence, des ministres du cabinet, des grands-officiers de l'Empire et de la couronne, des ministres d'état et des grand-aigles de la légion d'honneur, en présence du sénat et du conseil d'état

33. Le serment que prête l'Impératrice est conçu en ces termes :

« Je jure fidélité à l'Empereur.

» Je jure de me conformer aux actes des constitutions, et d'observer les dispositions faites par l'Empereur, mon époux, sur l'exercice de la régence; de ne consulter, dans l'emploi de mon autorité, que mon amour et mon dévouement pour mon fils et pour la France, et de remettre fidèlement à l'Empereur, à sa majorité, le pouvoir qui m'est confié.

» Je jure de maintenir l'intégrité du territoire de l'Empire; de respecter et de faire respecter les lois du concordat et la liberté des cultes; de respecter et faire respecter l'égalité des droits, la liberté civile et l'irrévocabilité des ventes des biens nationaux; de ne lever aucun impôt, de n'établir aucune taxe que pour les besoins de l'état, et conformément aux lois fondamentales de la monarchie; de maintenir l'institution de la légion d'honneur; de gouverner dans la seule vue de l'intérêt, du bonheur et de la gloire du peuple français. »

Section II.

Du serment du régent.

35. Le prince appelé à la régence, prête, dans les trois mois qui suivent le décès de l'Empereur, de la même manière, et devant les personnes désignées pour assister au serment de l'Impératrice, le serment dont la teneur suit :

« Je jure fidélité à l'Empereur.

» Je jure de me conformer aux actes des
» constitutions, et d'observer les disposi-
» tions faites par l'Empereur sur l'exercice
» de la régence, et de remettre fidèlement
» à l'Empereur, à sa majorité, le pouvoir
» qui m'est confié.

» Je jure de maintenir l'intégrité du ter-
« ritoire de l'Empire, de respecter et faire
« respecter les lois du concordat et la li-
» berté des cultes, de respecter et faire res-
» pecter l'égalité des droits, la liberté ci-
» vile et l'irrévocabilité des ventes des biens
» nationaux, de ne lever aucun impôt, de
» n'établir aucune taxe que pour les besoins
» de l'état, et conformément aux lois fon-
» damentales de la monarchie; de mainte-

nir l'institution de la légion d'honneur; de gouverner dans la seule vue de l'intérêt, du bonheur et de la gloire du peuple français. «

Titre VII.

De l'administration du domaine impérial, et de la disposition des revenus en cas de minorité et de régence.

Section I.

De la dotation de la couronne.

37. Durant la régence, l'administration de la dotation de la couronne continue selon des règles établies.

L'emploi des revenus est déterminé dans des formes accoutumées, sous l'autorité de l'Impératrice-régente ou du régent.

38. Les dépenses d'entretien de leur maison, et leurs dépenses personnelles, feront partie du budget de la couronne.

Section II.

Du domaine privé.

39. Arrivant le décès de l'Empereur, le

prince archichancelier de l'Empire, et, à son défaut, le premier en rang des grands dignitaires, fera apposer les scellés sur les caisses du trésor du domaine privé, par le secrétaire de l'état de la famille impériale, en présence du grand-juge, du chancelier du Sénat, et de l'intendant général du domaine privé.

40. Il sera, d'après les ordres du conseil de famille, procédé à l'inventaire des fonds et objets mobiliers, par le secrétaire de l'état de la famille impériale, assisté des personnes dénommées dans l'article précédent.

41. Le conseil de famille veillera à l'exécution des dispositions du sénatus-consulte du 30 janvier 1810, pour le partage des biens du domaine privé, au trésor impérial, sous la surveillance du conseil de famille, et placés de la manière la plus utile.

42. Les produits en seront successivement réunis au capital; et le tout restera en réserve jusqu'à la majorité de l'Empereur.

43. Il sera rendu compte de toutes ces opérations, par le conseil de famille, à la régente ou au régent, qui donnera l'autorisation définitive pour les placemens.

SECTION III.

Du Domaine extraordinaire.

44. L'impératrice-régente ou le prince-régent disposent, s'ils le jugent convenable, de toutes les dotations de cinquante mille francs de rente et au-dessous, qui ont fait, avant la minorité, sans qu'il en ait été disposé, ou font, durant la régence, retour au domaine extraordinaire de la couronne.

45. Les autres dotations restent en réserve jusqu'à la majorité de l'Empereur.

46. L'administration du domaine extraordinaire continuera, selon les règles accoutumées, comme il est dit ci-dessus du domaine de la couronne.

47. Les fonds qui se trouveront au trésor du domaine extraordinaire, au moment du décès de l'Empereur, seront versés au trésor de l'État, et y resteront jusqu'à la majorité de l'Empereur.

Titre VIII.

Du cas d'absence de l'Empereur ou du Régent.

Section Ire.

Du cas d'absence de l'Empereur.

48. Si, au moment du décès de l'Empereur, son successeur majeur est hors du territoire de l'Empire, les pouvoirs des ministres se trouvent prorogés jusqu'à ce que l'Empereur soit arrivé sur le territoire de l'Empire : le premier en rang des grands-dignitaires préside le conseil qui gouverne l'Etat, sous la forme de conseil du gouvernment. Les délibérations y sont prises à la majorité absolue des voix; le président a voix prépondérante en cas de partage.

49. Tous les actes sont faits au nom de l'Empereur ; mais il ne commence l'exercice de la puissance impériale, que lorsqu'il est entré sur le territoire de l'Empire.

Section II.

Du cas d'absence du Régent.

50. En cas d'absence du Régent, au com-

mencement d'une minorité, sans qu'il y ait été prévu par l'Empereur avant son décès, les pouvoirs des ministres se trouvent prorogés jusqu'à l'arrivée du régent, comme il est dit à l'article 48.

Section III.

Des cas non prévus.

51. Si, en l'absence de l'Empereur, majeur ou mineur, ou en l'absence du régent, le gouvernement étant entre les mains du conseil des ministres, présidé par un grand-dignitaire, il se présentait à résoudre des questions non décidées par le présent acte, ledit conseil du gouvernement, faisant fonction du conseil privé, rédigerait le projet de sénatus-consulte, et le ferait présenter au Sénat par deux de ses membres.

Titre IX.

Du Sacre et Couronnement de l'Impératrice.

52. L'Impératrice mère du prince héréditaire Roi de Rome, pourra être sacrée et couronnée.

Sixième edition.

53. Cette prérogative sera accordée à l'Impératrice par des lettres-patentes publiées dans les formes accoutumées, et qui seront en outre adressées au Sénat, et transcrites sur ses registres.

54. Le couronnement se fera dans la basilique de Notre-Dame, ou dans toute autre église désignée dans les lettres patentes.

Titre X.

Du Sacre et Couronnement du Prince impérial Roi de Rome.

55. Le prince impérial Roi de Rome pourra, en sa qualité d'héritier de l'Empire, être sacré et couronné du vivant de l'Empereur.

56. Cette cérémonie n'aura lieu qu'en vertu de lettres-patentes, dans les mêmes formes que celles relatives au couronnement de l'Impératrice.

57. Après le sacre et le couronnement du prince impérial Roi de Rome, les sénatus-consultes, lois, réglemens, status impériaux, décrets et tous actes émanés de l'Empereur, ou faits en son nom, porteront, outre l'indication de l'année de son règne

l'année du couronnement du prince impérial Roi de Rome.

58. Le présent sénatus-consulte organique sera transmis, par un message, à sa Majesté l'Empereur et Roi.

Les présidens et secrétaires, signés *Cambacérès*, le Cte. *de l'Apparent*, le Cte. *de Beaumont*. Vu et scellé, *le chancelier du Sénat*, signé Cte. *Laplace*.

Mandons et ordonnons que les présentes, revêtues des sceaux de l'Etat, insérées au Bulletin des lois, soient adressées aux Cours, aux tribunaux et aux autorités administratives, pour qu'ils les inscrivent dans leurs registres, les observent et les fassent observer; et notre Grand-Juge Ministre de la justice est chargé d'en surveiller la publication.

Donné au palais des Tuileries, le 5 février 1813.

Signé NAPOLÉON.

Vu par nous Archichancelier de l'Empire, signé CAMBACÉRÈS.

Par l'Empereur :
Le Ministre secrétaire d'Etat,
Signé LE COMTE DARU.
Le Grand-Juge, Ministre de la Justice,
Signé LE DUC DE MASSA.

MAJESTÉ. Du latin *majestas*, composé de *major status*, plus grand état.

On donne ce titre aux Empereurs et aux Rois, parce qu'ils sont les plus grands en pouvoir et en dignité entre ceux qui gouvernent des États et qui sont souverains. Il ne s'introduisit en France que vers le milieu du seizième siècle, sous le règne de Henri II. Dans le tems de la république romaine, le titre de Majesté fut donné, pour la première fois, à tout le corps du peuple et au sénat réunis.

Il se donne également aux épouses et aux veuves des Empereurs et des Rois.

Les Vice-Rois et Vice-Reines, régents et régentes, n'ont que le titre d'Altesse Impériale et Royale.

SIRE. Du latin *herus*, maître, ou du grec *curios*, seigneur.

Ce titre, que les Grecs des derniers tems ont donné à leurs Empereurs, fut ensuite usurpé par tous les seigneurs, soit justiciers, soit féodaux. On disait le sire de Joinville, le sire de Coucy, etc... Ce titre, donné à Dieu même dans le treizième siècle, a été réservé pour nos Rois dans le seizième.

PRINCE. Du latin *princeps*, composé de *primus* et de *caput*, qui est le chef ou la tête du peuple.

Ce titre se donne aux Souverains en parlant d'eux généralement, et aux personnes qui, sans être souverains, sont membres de leur famille, ou issus de princes ou titulaires d'une principauté.

Il y a en France deux sortes de Princes, dont les uns sont membres de la famille impériale, et les autres sont grands Dignitaires.

Voyez pour les titulaires, *le décret* ci-dessous.

ARCHICHANCELIER. Ce titre a pris son origine en France vers le neuvième siècle, et depuis long-tems n'y était plus en usage, il donnait à ceux qui en étaient revêtus, le droit de signer les diplômes royaux avant les grands Officiers de la couronne. — *Voyez* ci-dessous.

ARCHITRÉSORIER. Ce titre a pris son origine en Allemagne, et signifie Grand-Trésorier de l'Empire. Il se donne, en ce pays, à l'officier qui, le jour du couronnement de l'Empereur, monte à cheval, et jette des pièces d'or et d'argent au peuple, dans les places publiques.

Voyez ci-dessous.

CONNÉTABLE. L'origine de ce mot vient de *comes stabuli*, parce qu'autrefois cette charge était exercée par le grand écuyer, qui n'avait que l'intendance des écuyers du Roi; on l'établit ensuite chef de toute la gendarmerie.

Mathieu, second Baron de Montmorency, mit cette dignité au premier dégré des honneurs militaires, sous le règne de Philippe-Auguste et Louis VIII; elle fut supprimée sous Louis XIII, après la mort du connétable de Lesdiguières, en 1627, et fut recréée par un décret impérial avec les grandes dignités.

Voyez ci-dessous.

GRAND-ÉLECTEUR. Le mot électeur vient du latin *eligere*, choisir.

On donnait ce nom, en Allemagne aux Princes d'Empire qui élisaient l'Empereur.

Voyez ci-dessous.

GRAND-AMIRAL. Le mot *amiral* vient

de l'arabe *amir* ou *émir*, qui signifie seigneur ou chef des armées.

Cette dignité ne fut connue en France qu'en 1270, au passage d'Outremer. Tout ce qui regarde la marine est de sa juridiction.

Cette dignité a encore aujourd'hui les mêmes attributions.

Voyez ci-dessous.

Altesse. Du latin *celsitudo*, et mieux *altitudo*.

Titre d'honneur qu'on donne aux Princes. Les Evêques ont porté le titre d'Altesse sous la première et la seconde races de nos Rois.

Dans les treizième, quatorzième et quinzième siècles, c'était le titre commun de tous les Rois. Ceux de France l'on conservé jusqu'à François I.er

On donne le titre d'Altesse impériale aux Princes et Princesses de la famille, et celui d'Altesse sérénissime aux grands dignitaires de l'Empire et aux Princes étrangers.

Duc. Du latin *dux*, et du verbe *ducere*, guider, conduire.

Cette dignité fut créée chez les Romains par les Empereurs, et abolie par les Vandales, les Goths et les Bourguignons, dans les lieux où ils s'établirent. Les Français, au contraire, pour flatter le peuple Gaulois, accoutumé depuis long-tems à cette forme de gouvernement, se firent un point de politique de n'y rien changer, et divisèrent toute la Gaule en duchés et en comtés.

C'est aujourd'hui une des premières dignités parmi la noblesse de France.

Voyez, pour les titulaires, *le décret* ci-dessous.

MARÉCHAL. L'origine du nom de maréchal vient du mot allemand composé *march-scal*, qui dénotait celui qui avait la charge des grands chevaux, et le mot *scal* fut changé en celui de *schal*, quand on donna à cet officier le commandement des troupes. La première institution des maréchaux les obligeait à conduire l'avant-garde, et à choisir les lieux propres au campement de l'armée. Il n'y avait autrefois que deux maréchaux de France. Charles VII en établit quatre, et François I.er six; enfin, sous Louis XIV il y en eut douze.

Voyez ci-dessous.

COMTE. Du latin *Comes*, compagnon.

Ce titre remonte au tems d'Auguste, qui prit plusieurs sénateurs pour être ses *comtes*, afin de l'accompagner dans ses voyages, et de l'assister dans ses affaires. Ils furent abolis par Gallien, et rétablis depuis par Constantin, qui fit de ce titre une dignité de l'Empire. Dans le cinquième siècle, il était reconnu que les Gouverneurs de provinces prissent la qualité de Ducs, et les Gouverneurs de villes celle de Comtes.

Voyez, pour les titulaires, *le décret* ci-dessous.

BARONS. On est peu d'accord sur l'étymologie de ce mot; cependant il paraît tirer sa source d'une dignité militaire. Quelques auteurs le dérivant d'un mot allemand, ou d'un terme de basse latinité, en font un contre-sens avec sa signification actuelle, puisque dans l'une de ces langues, il désigne un paysan, et dans l'autre, un homme de journée, de peine et

7*

de travail. *Voyez* sur cela le *Dictionnaire de Trévoux.*

Barons se disait autrefois des grands du royaume de France. Ce titre n'a commencé à être en honneur que vers le milieu du sixième siècle. Il eut beaucoup d'éclat aux onzième, douzième et treizième. Les barons composaient la Cour des Pairs par excellence. Les Princes du sang, les Ducs, les Comtes et les Evèques étaient également confondus sous le nom de Barons.

Ce titre vient d'être recréé en France.

Voyez, pour les titulaires, *le décret* ci-dessous.

CHEVALIERS. Du latin *eques*, homme de cheval, et même il s'exprimait par *miles*, soldat.

Il y aurait un volume à faire sur ce titre, qui est le premier degré d'honneur de l'ancienne milice et le second degré de noblesse parmi les Romains. Ils avaient un cheval entretenu par le trésor public.

Tous les membres de la légion d'honneur ont aujourd'hui le titre de chevaliers.

MONSEIGNEUR. Titre d'honneur dont on use lorsqu'on écrit ou que l'on parle à des personnes qualifiées et d'un rang supérieur. On le donne aux Princes, aux Ducs, aux Ministres, aux grands Officiers de l'Empire et de la couronne, aux Cardinaux, aux Archevêques et Évêques.

EXCELLENCE. Semble venir de l'italien *eccellenza*.

C'est un titre d'honneur que l'on donne aujourd'hui aux Généraux, aux Ministres et aux ambassadeurs, à moins qu'il ne leur en soit dû un plus élevé.

ÉMINENCE. Du latin *eminere*, dominer, être au-dessus.

Titre que l'on donne aux Cardinaux. Il leur fut affecté par un décret d'Urbain VIII, en date du 10 janvier 1630. Il se donnait aussi au Grand-Maître de Malte.

VOTRE GRANDEUR. Titre que l'on donne aux Archevêques et aux Évêques.

STATUTS IMPÉRIAUX.

Relatifs à l'état des Princes et Princesses de la famille Impériale, et dispositions relatives aux royaumes de Naples et de Sicile, des duchés de Berg et de Clèves, du duché de Guastalla et de la principauté de Neufchâtel.

Message de Sa Majesté l'Empereur au Sénat conservateur.

SÉNATEURS.

Nous avons chargé notre cousin l'Archichancelier de l'Empire de vous donner connaissance, pour être transcrits sur vos registres,

1°. Des statuts qu'en vertu de l'art. 14 de l'acte des Constitutions de l'Empire, en date du 28 floréal an 12, nous avons jugé convenable d'adopter : ils forment la loi de notre famille impériale ;

2°. De la disposition que nous avons faite du royaume de Naples et de Sicile, des duchés de Berg et de Clèves, du du-

…ché de Guastalla et de la principauté de Neufchâtel, que différentes transactions politiques ont mis entre nos mains.

3°. De l'accroissement de territoire que nous avons trouvé à propos de donner, tant à notre royaume d'Italie, en y incorporant tous les Etats vénitiens, qu'à la principauté de Lucques.

Nous avons jugé, dans ces circonstances, devoir imposer plusieurs obligations et faire supporter plusieurs charges à notre couronne d'Italie, au Roi de Naples et au Prince de Lucques. Nous avons ainsi trouvé moyen de concilier les intérêts et la dignité de notre trône et le sentiment de notre reconnaissance pour les services qui nous ont été rendus dans la carrière militaire. Quelle que soit la puissance à laquelle la divine providence et l'amour de nos peuples nous ont élevé, elle est insuffisante pour récompenser tant de braves; et pour reconnaître les nombreux témoignages de fidélité et d'amour qu'ils ont donnés à notre personne.

Vous remarquerez, dans plusieurs des dispositions qui vous seront communiquées, que nous ne nous sommes pas uniquement abandonné aux sentimens affectueux dont nous étions pénétré, et au bonheur de faire du bien à ceux qui nous ont si bien servi. Nous avons été principalement guidé par la grande pensée de consolider l'ordre social et notre trône qui en est le fondement et la base, et de donner des centres de correspondance et d'appui à ce grand Empire: elle se rattache à nos pensées les plus chères, à celle à laquelle nous avons dévoué notre vie entière; la grandeur et la prospérité de nos peuples.

Donné en notre palais des Tuileries, le 30 mars de l'an 1806. *Signé* NAPOLÉON.

NAPOLEON, par la grâce de Dieu et les Constitutions de l'Etat, EMPEREUR DES FRANÇAIS, ROI D'ITALIE, à tous présens et à venir, SALUT.

L'article 14 de l'acte des Constitutions du 28 floréal an 12, porte que nous établirons par des statuts auxquels nos successeurs seront tenus de se conformer, les devoirs des individus de tout sexe, membre de la maison impériale, envers l'EMPEREUR. Pour nous acquitter de cette importante obligation, nous avons considéré, dans son objet et dans ses conséquences, la disposition dont il s'agit, et nous avons pesé les principes sur lesquels doit reposer le statut constitutionnel qui formera la loi de notre famille.

L'état des Princes appelés à régner sur ce vaste Empire, et à le fortifier par des alliances, ne saurait être absolument le même que celui des autres Français.

Leur naissance, leurs mariages, leur décès, les adoptions qu'ils pourraient faire, intéressent la nation toute entière, et influent plus ou moins sur ses destinées : comme tout ce qui concerne l'existence sociale de ces Princes appartient plus au droit politique qu'au droit civil, les dispositions de celui-ci ne peuvent leur être appliquées qu'avec les modifications déterminées par la raison de l'Etat, et si cette raison d'Etat leur impose des obligations dont les simples citoyens sont affranchis, ils doivent les considérer comme une conséquence nécessaire de cette haute dignité à laquelle ils sont élevés, et qui les dévoue sans réservé aux grands intérêts de la patrie et à la gloire de notre maison.

Des actes aussi importans que ceux qui constatent l'état civil de la maison impériale, doivent être reçus dans les formes les plus solennelles : la dignité du trône l'exige, et il faut d'ailleurs rendre toute surprise impossible.

En conséquence, nous avons jugé convenable de confier à notre cousin l'Archichancelier de l'Empire, le droit de remplir exclusivement, par rapport à nous et aux Princes et Princesses de notre maison, les fonctions attribuées par les lois aux officiers de l'état civil. Nous avons aussi commis à l'Archichancelier le soin de recevoir le testament de l'EMPEREUR et le statut qui fixera le douaire de l'Impératrice. Ces actes, ainsi que ceux de l'état civil, tiennent de si près à la maison impériale et à l'ordre politique, qu'il est impossible de leur appliquer exclusivement les formes ordinairement employées pour les contrats et pour les dispositions de dernière volonté.

Après avoir réglé l'état des Princes et Princesses de notre sang, notre sollicitude devait se porter sur l'éducation de leurs enfans. Rien de plus important que d'écarter d'eux, de bonne heure, les flatteurs qui tenteraient de les corrompre, les ambitieux qui, par des complaisances coupables, pourraient capter leur confiance, et préparer à la nation des souverains faibles, sous le nom desquels ils se promettraient un jour de régner. Le choix des personnes chargées de l'éducation des enfans des Princes et Princesses de la maison impériale, doit donc être réservé à l'Empereur.

Nous avons ensuite considéré les Princes et Princesses dans les actions communes de la vie. Trop souvent la conduite des Princes a troublé le repos des peuples, et produit des déchiremens dans l'Etat. Nous devons armer les Empereurs qui régneront après nous, de tout le pouvoir nécessaire pour prévenir ces malheurs dans leurs causes éloignées, pour les arrêter dans leurs progrès, pour les étouffer lorsqu'ils éclatent.

Nous avons aussi pensé que les Princes de l'Empire, titulaires des grandes dignités, étant appelés par leurs éminentes prérogatives à servir d'exemple au reste de nos sujets, leur conduite devait, à plusieurs égards, être l'objet de notre particulière sollicitude.

Tant de précautions seraient sans doute inutiles, si les souverains qui sont destinés à s'asseoir un jour sur le trône impérial, avaient, comme nous, l'avantage de ne voir autour d'eux que des parens dévoués à leur service et au bonheur des peuples, que des grands distingués par un attachement inviolable à leur personne; mais notre prévoyance doit se porter sur d'autres tems; et notre amour pour la patrie nous presse d'assurer, s'il se peut, aux Français, pour une longue suite de siècles, l'état de gloire et de prospérité où, avec l'aide de Dieu, nous sommes parvenus à les placer.

A ces causes, nous avons DÉCRÉTÉ et DÉCRÉTONS le présent statut, auquel, en exécution de l'article 14 de l'acte des Constitutions de l'Empire, du 28 floréal an 12, nos successeurs seront tenus de se conformer.

TITRE PREMIER.

De l'état des Princes et Princesses de la Maison Impériale.

ARTICLE PREMIER.

L'Empereur est le chef et le père commun de toute sa famille. A ces titres, il exerce sur ceux qui la composent, la puissance paternelle pendant leur minorité, et conserve toujours à leur égards un pouvoir de surveillance, de police et de discipline, dont les effets principaux seront déterminés ci-après.

2. Si l'empereur est lui-même mineur, les droits mentionnés dans l'article précédent appartiennent au régent, qui ne peut les exercer qu'en vertu d'une délibération du conseil de régence, prise dans le cas où il y a lieu à en faire l'application.

3. La maison impériale se compose,

1°. Des Princes compris dans l'ordre d'hérédité établi par l'acte des Constitutions du 28 floréal an 12; de leurs épouses et de leur descendance en légitime mariage;

2. Des Princesses, nos sœurs, de leurs époux et de leur descendance en légitime mariage, jusqu'au cinquième dégré inclusivement ;

3. De nos enfans d'adoption et de leur descendance légitime.

4. Le mariage des Princes et Princesses de la maison impériale, à quelque âge qu'ils soient parvenus, sera nul et de nul effet, de plein droit et sans qu'il soit besoin de jugement, toutes les fois qu'il aura été contracté sans le consentement formel de l'Empereur.

Ce consentement sera exprimé dans une lettre close, contresignée par l'Archichancelier de l'Empire. Il suffira seul, et tiendra lieu de dispense, d'âge et de parenté, dans tous les cas où ces dispenses sont nécessaires.

5. Tous les enfans nés d'une union qui n'aurait point été contractée conformément aux dispositions du précédent article, seront réputés illégitimes, sans que ni eux, ni leur père et mère puissent prétendre, en vertu de cette union, à aucun des avantages attachés par les lois et usages de certains

pays aux mariages dits *de la main gauche;* lesquels mariages ne sont autorisés ni par le Code civil, ni par les constitutions de l'Empire, et sont, autant que besoin est, prohibés par le présent statut.

6. Les conventions matrimoniales des Princes et Princesses de la maison impériale sont nulles, si elles ne sont approuvées par l'Empereur, sans que, dans ce cas, les parties puissent exciper des dispositions du Code civil, lesquelles n'auront point lieu à leur égard.

7. Le divorce est interdit aux membres de la maison impériale de tout sexe et de tout âge.

8. Ils pourront néanmoins demander la séparation de corps.

Elle s'opérera par la seule autorisation de l'Empereur, sans forme ni procédure.

Elle n'aura d'effet que quant à l'habitation commune, et ne changera rien aux conventions matrimoniales.

9. Les biens des Princes et Princesses de la maison impériale, dont le père serait décédé, seront, pendant leur minorité, ad-

ministrés pour un ou plusieurs tuteurs que l'Empereur nommera.

10. Ces tuteurs rendront le compte de tutelle au conseil de famille dont il sera parlé ci-après.

11. Le conseil de famille exercera sur le tuteur, en tout ce qui concernera l'administration de la tutelle, une juridiction coactive et contentieuse.

Il remplira, pour les actes de tutelle, toutes les fonctions qui, à l'égard de particuliers, sont déléguées par le Code civil aux conseils de famille ordinaires et aux tribunaux.

Néanmoins, les décisions qu'il rendra n'auront d'effet qu'après l'approbation de l'Empereur, dans tous les cas où, entre particuliers, les délibérations du conseil de famille sont sujettes à l'homologation des tribunaux.

12. Les membres de la maison impériale ne peuvent, sans le consentement exprès de l'Empereur, ni adopter, ni se charger de tutelle officieuse, ni reconnaître leurs enfans naturels.

Dans ces cas, l'Empereur réglera les effets que l'acte devra produire, quant aux biens, et quant au rang qu'il donnera dans l'État, à la personne qui en sera l'objet.

13. L'interdiction des Princes et Princesses de la maison impériale, dans les cas prévus par l'art. 489 du Code civil est prononcée par le conseil de famille.

Le jugement n'a d'effet qu'après avoir été approuvé par l'Empereur.

Le conseil de famille exercera sur le curateur, sur l'interdit et sur les biens, la même autorité et la même juridiction qui, entre particuliers, appartiennent aux conseils de famille ordinaires, et aux tribunaux.

Titre II.

Des Actes relatifs à l'état des Princes et Princesses de la Maison Impériale.

14. L'Archichancelier de l'Empire remplira excluvisement, par rapport à nous et aux Princes et Princesses de notre maison, les fonctions attribuées par les lois aux officiers de l'état civil.

En conséquence, il recevra les actes de naissance, d'adoption, de mariage, et tous autres actes prescrits ou autorisés par le Code civil.

15. Ces actes seront transcrits sur un registre double, tenu par le secrétaire de l'état de la maison impériale, cotté par première et dernière, et paraphé sur chaque feuille par l'Archichancelier.

Le Secrétaire de l'état de la maison Impériale sera nommé par l'Empereur et choisi parmi les fonctionnaires qui font ou ont fait partie du Ministère ou du Conseil d'Etat.

16. Le Secrétaire de l'état de la maison impériale demeurera dépositaire de ces registres. Il délivrera les extraits des actes y contenus, lesquels seront visés par l'Archichancelier.

17. Lorsque ces registres seront finis, ils seront clos et arrêté par l'Archichancelier : l'un des doubles restera aux archives impériales ; l'autre sera déposé aux archives du Sénat, conformément à l'article 13 de l'acte des Constitutions du 28 floréal an 12.

18. Les actes sont rédigés dans les for-

mes établis par le Code civil, sauf ce qui est réglé par l'art. 31 de l'acte des Constitutions du 28 floréal an 12, pour les actes d'adoption, dans les cas prévus par l'article 14 dudit acte.

19. L'Empereur indiquera les témoins qui assisteront aux actes de naissance et de mariage des membres de la maison impériale.

S'il est absent du lieu où l'acte est passé, ou s'il n'y a pas eu d'indication de sa part, l'Archichancelier sera tenu de prendre les témoins parmi les princes du sang, en suivant l'ordre de leur proximité du trône; après eux, parmi les princes de l'Empire, titulaires de grandes dignités; et au défaut de ceux-ci, parmi les grands officiers de l'Empire et les membres du Sénat.

20. L'Archichancelier ne pourra recevoir l'acte de mariage des Princes et Princesses, ni aucun acte d'adoption ou de reconnaissance d'enfans naturels, qu'après qu'il lui aura apparu de l'autorisation de l'Empereur. A cet effet, il lui sera adressé, le cas échéant, une lettre close qui indiquera en outre le lieu où l'acte doit être

Sixième édition.

reçu. Cette lettre sera transcrite en entier dans l'acte.

21. Les actes ci-dessus mentionnés qui, par l'effet de circonstances particulières, seraient dressés en l'absence de l'Archichancelier, lui seront remis par celui qui aura été désigné pour le suppléer.

Ces actes seront inscrits sur le registre, et la minute y demeurera annexée, après avoir été visée par l'Archichancelier.

22. L'acte qui fixera le douaire de l'Impératrice, sera reçu par l'Archichancelier, assisté du Secrétaire de l'état de la maison impériale, qui l'écrira en présence de deux témoins indiqués par l'Empereur.

Cet acte, soit clos, soit ouvert, suivant que l'Empereur l'aura déterminé, sera déposé au Sénat par l'Archichancelier.

23. Lorsque l'Empereur jugera à propos de faire son testament par acte public, l'Archichancelier, assisté du Secrétaire de l'état de la maison impériale, recevra sa dernière volonté, laquelle sera écrite sous la dictée de l'Empereur, par le Secrétaire de l'état de la maison impériale, en présence de deux témoins.

Dans ce cas, l'acte sera écrit sur le registre mentionné en l'art. 15 ci-dessus.

24. Si l'Empereur dispose par testament mystique, l'acte de suscription sera dressé par l'Archichancelier, et inscrit par le Secrétaire de l'état de la maison impériale.

Ils signeront l'un et l'autre avec l'Empereur et les six témoins qu'il aura indiqués.

Le testament mystique de l'Empereur sera déposé au Sénat par l'Archichancelier.

25. Après le décès des Princes et Princesses de la maison impériale, les scellés seront apposés dans leurs palais et maisons par le secrétaire de l'état de la maison impériale, et, en cas d'empêchement, par un Conseiller d'Etat désigné à cet effet par l'Archichancelier de l'Empire.

TITRE III.

De l'éducation des Princes et Princesses de la Maison impériale.

26. L'Empereur règle tout ce qui concerne l'éducation des enfans des Princes

et Princesses de sa maison. Il nomme et révoque à volonté ceux qui en sont chargés, et détermine le lieu où elle doit s'effectuer.

27. Tous les princes nés dans l'ordre de l'hérédité seront élevés ensemble et par les mêmes instituteurs et officiers, soit dans le palais qu'habite l'Empereur, soit dans un autre palais, dans le rayon de dix myriamètres de sa résidence habituelle.

28. Leur cours d'éducation commencera à l'âge de sept ans, et finira lorsqu'ils auront atteint leur seizième année.

Les enfans de ceux qui se sont distingués par leurs services, pourront être admis par l'Empereur à en partager les avantages.

29. Le cas arrivant où un prince, dans l'ordre de l'hérédité, monterait sur un trône étranger, il sera tenu, lorsque ses enfans mâles auront atteint l'âge de sept ans, de les envoyer à la susdite maison, pour y recevoir leur éducation.

TITRE IV.

Du pouvoir de surveillance, de discipline et de police que l'Empereur exerce dans l'intérieur de sa famille.

30. Les princes et princesses de la maison impériale, quelque soit leur âge, ne peuvent, sans l'ordre ou sans le congé de l'Empereur, sortir du territoire de l'Empire, ni s'éloigner de plus de quinze myriamètres (trente lieues) de la ville où la résidence impériale se trouve établie.

31. Si un membre de la maison impériale vient à se livrer à des déportemens et oublier sa dignité ou ses devoirs, l'Empereur pourra infliger, pour un tems déterminé, et qui n'excèdera point une année, les peines suivantes, savoir :

Les arrêts,

L'éloignement de sa personne,

L'exil.

32. L'Empereur peut ordonner aux membres de la famille impériale, d'éloigner d'eux les personnes qui lui paraissent suspectes, encore que ces personnes ne fassent point partie de leur maison.

Titre V.

Du conseil de Famille.

33. Il y aura auprès de l'Empereur un conseil de famille. Indépendamment des attributions qui sont données à ce conseil par les articles 10, 11 et 13 du présent statut, il connaîtra,

1°. Des plaintes portées contre les princes et princesses de la maison impériale, toutes les fois qu'elles n'auront point pour objet des délits de la nature de ceux qui, aux termes de l'article 101 de l'acte des constitutions du 28 floréal an 12, doivent être jugés par la Haute-Cour.

2°. Des actions purement personnelles, intentées, soit par les princes et princesses de la maison impériale, soit contre eux.

A l'égard des actions réelles mixtes, elles continueront à être portées devant les tribunaux ordinaires.

34. Le conseil de famille sera présidé par l'Empereur, et, à son défaut, par l'Archichancelier de l'Empire, lequel en fait toujours partie.

Il sera composé, en outre, d'un prince de la famille impériale désigné par l'Empereur, de celui des princes grands-dignitaires de l'Empire qui aura le premier rang d'ancienneté, du doyen des maréchaux de l'Empire, du Chancelier du Sénat et du premier Président de la Cour de cassation.

Le Grand-Juge ministre de la justice remplit, près le conseil, les fonctions du ministère public.

Le secrétaire de l'état de la maison impériale y tient la plume.

Les pièces et les minutes des jugemens seront déposées aux archives impériales.

35. Les demandes susceptibles d'être présentées au conseil, seront préalablement communiquées à l'Archichancelier, qui en rendra compte, dans quinzaine au plus tard, à l'Empereur, et prendra ses ordres.

36. Si l'Empereur ordonne que l'affaire soit suivie dans le conseil, l'Archichancelier procédera d'abord à la conciliation.

Les procès-verbaux contenant les dires, aveux et propositions des parties intéressées, seront dressés par le secrétaire de l'état de la maison impériale. L'accommodement dont les parties pourraient convenir, n'aura d'effet qu'après avoir été approuvé par l'Empereur.

37. Le conseil de famille n'est point tenu de suivre les formes ordinaires, soit dans l'instruction des causes portées devant lui, soit dans les jugemens qu'il rend.

Néanmoins il doit toujours entendre les parties, soit par elles-mêmes, soit par leur fondé de pouvoirs, et ses jugemens sont motivés.

Il doit aussi avoir prononcé dans le mois.

38. Les jugemens rendus par le conseil de famille ne sont point susceptibles de recours en cassation. Ils sont signifiés aux parties, à la requête du grand-juge, par les huissiers de la chambre ou tous autres à ce commis.

39. Lorsque le conseil de famille statue sur des plaintes, et qu'il les croit fondées, il se borne à déclarer que celui contre qui elles sont dirigées, est répréhensible pour le fait que la plainte spécifie, et renvoie pour le surplus à l'Empereur.

40. Si l'Empereur ne croit pas devoir

user d'indulgence, il prononce l'une des peines portées en l'article 31 ci-dessus, et même suivant la gravité du fait, la peine de deux ans de réclusion dans une prison d'état.

TITRE VI.

Des dispositions du présent statut qui sont applicables aux princes de l'Empire, titulaires des grandes dignités.

41. Les grands dignitaires et les ducs sont assujétis aux dispositions de l'article 31 ci-dessus, dans les cas prévus par cet article.

Donné en notre palais des Tuileries, le 30 mars de l'an 1806.

NAPOLÉON, par la grâce de Dieu et les constitutions, EMPEREUR DES FRANÇAIS, ROI D'ITALIE;

Nous avons décrété et décrétons ce qui suit :

ARTICLE PREMIER.

Les états vénitiens, tels que nous les a cédés S. M. l'Empereur d'Allemagne par le traité de Presbourg, sont définitivement réunis à notre royaume d'Italie, pour e[n] faire partie intégrante, à commencer d[u] premier mai prochain, et aux charges et co[n]ditions stipulées par les articles ci-après.

2. Le *Code Napoléon*, le système mo[né]taire de notre Empire, et le concorda[t] conclu entre nous et Sa Sainteté pour notr[e] royaume d'Italie, seront lois fondamentale[s] de notre dit royaume, et il ne pourra [y] être dérogé, sous quelque prétexte que c[e] soit.

3. Nous avons érigés et érigeons en du[chés] grands fiefs de notre Empire, les provinces ci-dessous désignées :

1°. La Dalmatie ;   7°. Trévise ;
2°. L'Istrie ;   8°. Feltre ;
3°. Le Frioul ;   9°. Bassano ;
4°. Cadore ;   10°. Vicence ;
5°. Bellune ;   11°. Padoue ;
6°. Conegliano ;   12°. Rovigo.

4. Nous nous réservons de donner l'investiture desdits fiefs, pour être transmis héréditairement, par ordre de primogéniture, aux descendans mâles, légitimes et naturels de ceux en faveur de qui nous

en aurons disposé, et en cas d'extinction de leur descendance masculine légitime et naturelle, lesdits fiefs seront réversibles à notre couronne impériale, pour en être disposé par nous et nos successeurs.

5. Nous entendons que le quinzième du revenu que notre royaume d'Italie retire ou retirera desdites provinces, soit attachés auxdits fiefs, pour être possédé par ceux que nous en aurons investis : nous réservant en outre, et pour la même destination, la disposition de trente millions de domaines nationaux situés dans lesdites provinces.

6. Des inscriptions seront créées sur le Mont-Napoléon, jusqu'à la concurrence de douze cent mille francs de rentes annuelles, monnaie de France, en faveur des généraux, officiers et soldats de notre armée, pour être possédées par ceux desdits généraux, officiers et soldats, qui ont rendu le plus de service à la patrie et à notre couronne, et que nous désignerons à cet effet; leur imposant la condition expresse de ne pouvoir, lesdits généraux, officiers et soldats, avant l'expiration de dix années,

vendre ou aliéner lesdites rentes sans notre autorisation.

7. Jusqu'à ce que notre royaume d'Italie ait une armée qui suffise à sa défense, nous entendons lui accorder une armée française, et nous voulons qu'à dater du premier mai prochain, elle soit entretenue et soldée par notre trésorier impérial. A cet effet, notre trésorier royal d'Italie versera, chaque mois, dans notre trésor impérial, la somme de deux millions cinq cent mille francs, argent de France, et ce, pendant le tems où notre dite armée séjournera dans notre royaume d'Italie : ce que nous avons réglé et réglons dès à présent pour un terme de six années, lequel terme expiré, nous prendrons à cet égard les déterminations ultérieures que les circonstances de l'Europe pourront nous faire juger nécessaires à la sûreté de nos peuples d'Italie.

8. A dater du premier jour du mois de mai prochain, le pays de Massa et Carara, et la Garfargnana, depuis les sources du Serchio, ne feront plus partie de notre royaume d'Italie.

9. L'héritier présomptif du royaume

d'Italie portera le titre de prince de Venise.

Donné en notre palais des Tuileries, le 30 mars de l'an 1806.

NAPOLÉON, par la grâce de Dieu et les constitutions, EMPEREUR DES FRANÇAIS, ROI D'ITALIE, à tous ceux qui les présentes verront, SALUT.

Les intérêts de notre peuple, l'honneur de notre couronne, et la tranquillité du continent de l'Europe voulant que nous assurions d'une manière stable et définitive le sort des peuples de Naples et de Sicile, tombés en notre pouvoir par le droit de conquête, et faisant d'ailleurs partie du grand Empire, nous avons déclaré et déclarons par les présentes, reconnaître pour roi de Naples et de Sicile, notre frère bien-aimé JOSEPH-NAPOLÉON, grand-électeur de France (1). Cette couronne sera héréditaire, par ordre de primogéniture, dans

---

(1) S. A. I. le prince Joseph ayant été appelé au trône d'Espagne, la couronne de Naples a été donnée à S. A. I. le prince Joachim, grand duc de Berg et de Clèves, et Grand-Amiral.

sa descendance masculine légitime et naturelle. Venant à s'éteindre, ce que Dieu ne veuille, sa dite descendance, nous entendons y appeler nos enfans mâles légitimes et naturels, par ordre de primogéniture, et, à défaut de nos enfans mâles légitimes et naturels, ceux de notre frère LOUIS et sa descendance masculine légitime, et naturelle, par ordre de primogéniture ; nous réservant si notre frère JOSEPH NAPOLÉON venait à mourir de notre vivant, sans laisser d'enfans mâles légitimes et naturels, le droit de désigner pour succéder à ladite couronne, un prince de notre maison, ou même d'y appeler un enfant adoptif, selon que nous le jugerons convenable pour l'intérêt de nos peuples, et pour l'avantage du grand système que la divine providence nous a destiné à fonder.

Nous instituons dans ledit royaume de Naples et de Sicile, six grands fiefs de l'Empire, avec le titre de duché et les mêmes avantages et prérogatives que ceux qui sont institués dans les provinces vénitiennes réunies à notre couronne d'Italie, pour être lesdits duchés grands fiefs de l'Empire à perpétuité, et, le cas échéant, à notre nomination et à celle de nos successeurs. Tous les détails de la formation desdits fiefs sont remis aux soins de notre dit frère JOSEPH-NAPOLÉON.

Nous nous réservons sur ledit royaume de Naples et de Sicile, la disposition d'un million de rentes pour être distribué aux généraux, officiers et soldats de notre armée, qui ont rendu le plus de services à la patrie et au trône, et que nous désignerons à cet effet, sous la condition expresse de ne pouvoir, lesdits généraux, officiers ou soldats, avant l'expiration de dix années, vendre ou aliéner lesdites rentes qu'avec notre autorisation.

Le roi de Naples sera à perpétuité grand dignitaire de l'Empire, sous le titre de grand-électeur (1), nous réservant, toutefois, lorsque nous le jugerons convenable, de créer la dignité de prince vice-grand-electeur.

---

(1) Le Grand-Électeur étant monté sur le trône d'Espagne, c'est toujours S. M. le roi Joseph que cette disposition concerne.

Nous entendons que la couronne de Naples et de Sicile, que nous plaçons sur la tête de notre frère JOSEPH NAPOLÉON et de ses descendans, ne porte atteinte en aucune manière que ce soit à leurs droits de succession au trône de France. Mais il est également dans notre volonté que les couronnes, soit de France, soit d'Italie, soit de Naples et de Sicile, ne puissent jamais être réunies sur la même tête.

Donné en notre palais des Tuileries le 30 mars 1806.

NAPOLÉON, par la grâce de Dieu et les constitutions, EMPEREUR DES FRANÇAIS, ROI D'ITALIE, à tous ceux qui les présentes verront, SALUT.

Leurs Majestés les rois de Prusse et de Bavière nous ayant respectivement cédé les duchés de Clèves et de Berg en toute souveraineté, avec les droits, titres et prérogatives généralement quelconques attachés à la possession de chacun de ces duchés, tels qu'ils les possédaient eux-mêmes, pour en disposer en faveur d'un prince de notre choix, nous avons transféré, comme en effet nous transférons lesdits duchés, droits, titres et prérogatives, en toute souveraineté, tels qu'ils nous ont été cédés, au prince Joachim, notre bien-aimé beau-frère, pour être, dans toute leur étendue et plénitude, possédés par lui, en qualité de duc de Clèves et de Berg, et transmis héréditairement à ses descendans légitimes et naturels, de mâle en mâle, par ordre de primogéniture, à l'exclusion perpétuelle des femmes et de leur descendance. Venant à s'éteindre, ce que Dieu ne veuille, la descendance masculine légitime et naturelle dudit prince Joachim, notre beau-frère, nous entendons que lesdits duchés de Clèves et de Berg, droits, titres et prérogatives, passent à notre descendance masculine légitime et naturelle, et, à son défaut, à celle de notre frère le prince Joseph, et à défaut de cette dernière, à celle de notre frère le prince Louis; sans que, dans aucun cas, lesdits duchés de Clèves et de Berg puissent être réunis à notre couronne de France (1).

---

(1) S. A. I. le Grand-Duc ayant passé au trône de Naples, le fils de S. A. le prince Louis, roi de Hol-

L'héritier présomptif des duchés de Clèves et de Berg portera le titre de duc de Clèves.

Nous entendons que la dignité de grand-amiral de France soit héréditaire dans ladite descendance dudit prince Joachim, notre beau frère, pour être transmise à ses successeurs avec les duchés de Clèves et de Berg; nous réservant, lorsque nous le jugerons convenable, de créer la dignité de prince vice grand-amiral.

Ayant été principalement déterminés dans le choix que nous avons fait du prince Joachim, notre beau-frère, par la connaissance parfaite de ses qualités éminentes, et la certitude des avantages qui doivent en résulter pour les habitans des duchés de Berg et de Clèves, nous avons la ferme espérance que, continuant de mériter, par leur fidélité et leur dévouement, la réputation qu'ils se sont acquise sous leurs anciens princes, ils se montreront dignes de toute l'affection de leur nouveau souverain, et par là de notre bienveillance et protection impériales.

---

lande, a été élevé à la dignité de Grand-Duc de Berg et de Clèves.

Donné en notre palais des Tuileries, le 15 mars 1806.

NAPOLÉON, par la grâce de dieu et les constitutions, Empereur des Français, roi d'Italie, à tous présens et à venir, Salut.

La principauté de Guastalla étant à notre disposition, nous en avons disposé, comme nous en disposons par les présentes, en faveur de la princesse Pauline, notre bien-aimée sœur, pour en jouir en toute propriété et souveraineté, sous le titre de princesse et duchesse de Guastalla.

Nous entendons que le prince Borghèse, son époux, porte le titre de prince et de duc de Guastalla ; que cette principauté soit transmise, par ordre de primogéniture, à la descendance masculine légitime et naturelle de notre sœur Pauline, et à défaut de ladite descendance masculine légitime et naturelle, nous nous réservons de disposer de la principauté de Guastalla, à notre choix, et ainsi que nous le jugerons convenable pour le bien de nos peuples et l'intérêt de notre couronne.

Nous entendons toutefois que, le cas arrivant où ledit prince Borghèse survivrait à son épouse, notre sœur, la princesse Pauline, il ne cesse pas de jouir personnellement, et sa vie durant, de ladite principauté.

Donné en notre palais des Tuileries le 30 mars 1806.

NAPOLÉON, par la grâce de dieu et les constitutions, EMPEREUR DES FRANÇAIS, ROI D'ITALIE, à tous présens et à venir, salut.

Voulant donner à notre cousin le maréchal Berthier, notre grand veneur, et ministre de la guerre, un témoignage de notre bienveillance pour l'attachement qu'il nous a toujours montré, et la fidélité et le talent avec lesquels il nous a constamment servi, nous avons résolu de lui transférer, comme en effet nous lui transférons par les présentes, la principauté de Neuchâtel, avec le titre de prince et duc de Neuchâtel, pour la posséder en toute propriété et souveraineté, telle qu'elle nous a été cédée par S. M. le roi de Prusse (1).

---

(1) Après la célèbre bataille de Wagram, S. M. l'Empereur ajouta à la dignité de prince de *Neuchâtel* celle de *Wagram*, et joignit à ce nouveau titre une riche dotation.

Nous entendons qu'il transmette ladite principauté à ses enfans mâles légitimes et naturels, par ordre de primogéniture ; nous réservant, si sa descendance masculine légitime et naturelle venait à s'éteindre, ce que dieu ne veuille, de transmettre ladite principauté, aux mêmes titres et charges, à notre choix, et ainsi que nous le croirons convenable pour le bien de nos peuples et l'intérêt de notre couronne.

Notre cousin le maréchal Berthier prêtera entre nos mains, et en sa dite qualité de prince et duc de Neuchâtel, le serment de nous servir en bon et loyal sujet. Le même serment sera prêté à chaque vacance par ses successeurs.

Nous ne doutons pas qu'ils n'héritent de ses sentimens pour nous, et qu'ils ne nous portent, ainsi qu'à nos descendans, le même attachement et la même fidélité.

Nos peuples de Neuchâtel mériteront par leur obéissance envers leur nouveau souverain, la protection spéciale qu'il est dans notre intention de leur accorder constamment.

Donné en notre palais des Tuileries, le 10 mars 1806.

Napoléon, par la grâce de dieu et les constitutions, Empereur des Français, roi d'Italie.

Nous avons décrété et décrétons ce qui suit :

ARTICLE PREMIER.

A dater du premier jour du mois de mai prochain, le pays de Massa et Carrara et la Garfagna, jusqu'aux sources du Serchio, seront réunis à la principauté de Lucques, aux charges et conditions suivantes.

2. Le *Code Napoléon*, le système monétaire de notre Empire, et le concordat conclu entre nous et Sa Sainteté, pour notre royaume d'Italie, seront lois fondamentales des Etats de Lucques, et il ne pourra y être dérogé, sous quelque prétexte que ce soit.

3. Nous avons érigé et érigeons le pays de Massa et Carrara en duché grand-fief de notre Empire.

4. Nous nous réservons de donner l'investiture dudit fief, pour être transmis

héréditairement par ordre de primogéniture, aux descendans mâles, légitimes et naturels de celui en faveur de qui nous en aurons disposé; et en cas d'extinction de sa descendance masculine légitime et naturelle, lesdits fiefs seront réversibles à notre couronne de France, pour en être disposé par nous ou nos successeurs.

5. Le quinzième du revenu que le prince de Lucques retirera du pays de Massa et Carrara, sera attaché audit fief, pour être possédé par celui que nous en aurons investi; nous réservant en outre, et pour la même destination, la disposition de quatre millions de domaines, situés tant dans lesdits pays que dans la principauté de Lucques.

6. Des inscriptions seront créées sur le livre de la dette publique de la principauté de Lucques, jusqu'à la concurrence de deux cent mille francs de rentes annuelles, monnaie de France, en faveur des généraux, officiers et soldats qui ont rendu le plus de service à la patrie et à notre couronne, et que nous désignerons à cet effet; leur imposant la condition ex-

presse de ne pouvoir, lesdits généraux, officiers et soldats avant l'expiration de dix années, vendre ou aliéner lesdites rentes sans notre autorisation.

Donné en notre palais des Tuileries, le 30 mars 1806.

NAPOLÉON, par la grâce de dieu et les constitutions, EMPEREUR DES FRANÇAIS, ROI D'ITALIE.

Nous avons décrété et décrétons ce qui suit :

ARTICLE PREMIER.

Nous avons érigé et érigeons, dans les états de Parme et de Plaisance, trois duchés grands-fiefs de notre Empire.

2. Nous nous réservons de donner l'investiture desdits fiefs pour être transmis héréditairement, par ordre de primogéniture, aux descendans mâles légitimes et naturels de ceux en faveur de qui nous en aurons disposé ; et en cas d'extinction de leur descendance masculine légitime et naturelle, lesdits fiefs seront reversibles à notre couronne de France, pour en être disposé par nous ou nos successeurs.

3. Les biens nationaux qui existent dans lesdits états de Parme et de Plaisance, seront réservés, tant pour être affectés auxdits duchés, que pour en être disposé en faveur des généraux, officiers ou soldats qui ont rendu le plus de services à la patrie et à notre couronne, et que nous désignerons à cet effet; lesquels généraux, officiers ou soldats ne pourront, avant l'expiration de dix années, vendre ou aliéner, sans notre autorisation, la portion desdits biens qui leur aura été accordée.

Donné en notre palais des Tuileries, le 30 mars 1806.

Sénatus-Consulte relatif à l'échange ou aliénation des biens composant la dotation des duchés relevant de l'Empire Français, ou autres héréditaires.

NAPOLÉON, par la grâce de dieu et les constitutions, Empereur des français, roi d'Italie, à tous présens et à venir, Salut.

Le Sénat, après avoir entendu les orateurs du conseil d'état, décrète et nous ordonnons ce qui suit :

Sixième édition. 9

Extrait des registres du Sénat conservateur, du 14 août 1806.

Le Sénat conservateur, réuni au nombre de membres prescrit par l'article 90 de l'acte des constitutions de l'an 8;

Vu le projet de sénatus consulte rédigé en la forme prescrite par l'article 57 de l'acte des constitutions de l'Empire, en date du 16 thermidor an 10,

Après avoir entendu, sur les motifs dudit projet, les orateurs du conseil d'état et le rapport de sa commission spéciale, nommée dans la séance du 13 de ce mois;

Décrète ce qui suit:

ARTICLE PREMIER.

La principauté de Guastalla ayant été, avec l'autorisation de S. M. l'Empereur et roi, cédée au royaume d'Italie, il sera acquis, du produit de cette cession, et en remplacement, des biens dans le territoire de l'Empire français.

2. Ces biens seront possédés par S. A. S. la princesse Pauline, le prince Borghèse son époux, et les descendans nés de leur

mariage, de mâle en mâle, quant à l'hérédité et à la réversibilité, quittes de toutes charges, de la même manière que devait l'être ladite principauté, et aux mêmes charges et conditions, conformément à l'acte du 30 mars dernier.

3. Dans le cas où S. M. viendrait à autoriser l'échange ou l'aliénation des biens composant la dotation des duchés relevant de l'Empire français, érigés par les actes du même jour 30 mars dernier, ou de la dotation de tous nouveaux duchés ou autres titres que S. M. pourra ériger à l'avenir, il sera acquis des biens en remplacement sur le territoire de l'Empire français, avec le prix des aliénations.

4. Les biens pris en échange ou acquis, seront possédés, quant à l'hérédité et à la réversibilité, quittes de toutes charges, conformément aux actes de création desdits duchés ou autres titres, et aux charges et conditions y énoncées.

5. Quand S. M. le jugera convenable, soit pour récompenser de grands services, soit pour exciter une utile émulation, soit pour concourir à l'éclat du trône, elle

pourra autoriser un chef de famille à substituer ses biens libres pour former la dodation d'un titre héréditaire que S. M. érigerait en sa faveur, réversible à son fils aîné, né ou à naître, et à ses descendans en ligne directe, de mâle en mâle, par ordre de primogéniture.

6. Les propriétés ainsi possédées sur le territoire français, conformément aux art. précédens, n'auront et ne conféreront aucun droit ou privilège, relativement aux autres sujets français de S. M. et à leurs propriétés.

7. Les actes par lesquels S. M. autoriserait un chef de famille à substituer ses biens libres, ainsi qu'il est dit à l'article précédent, ou permettrait le remplacement en France des dotations des duchés relevant de l'Empire ou autres titres que S. M. érigerait à l'avenir, seront donnés en communication au Sénat, et transcrit sur ses registres.

8. Il sera pourvu, par des réglemens d'administration publique, à l'exécution du présent sénatus-consulte, et notamment en ce qui concerne la jouissance et conser-

vation, tant des propriétés réversibles à la couronne, que des propriétés substituées en vertu de l'article 3.

9. Le présent sénatus-consulte sera transmis, par un message, à sa Majesté impériale et royale.

Les président et secrétaires, *signé* Cambacérès, archichancelier de l'Empire, *président*; Depère, Canclaux, *secrétaires*. Vu et scellé, le chancelier du Sénat, *signé* Laplace.

Mandons et ordonnons que les présentes, revêtues des sceaux de l'état, insérées au bulletin des lois, soient adressées aux cours, aux tribunaux et aux autorités administratives, pour qu'ils les inscrivent dans leurs registres, les observent et les fassent observer; et notre grand-juge ministre de la justice est chargé d'en surveiller la publication.

Donné au palais de Saint-Cloud, le 21 août 1806.

DÉCRET IMPÉRIAL,

Portant création des titres de Prince, d'Altesse sérénissime, de Duc de l'Empire, de Comte, de Baron, de Chevalier.

NAPOLÉON, par la grâce de dieu et les constitutions, Empereur des français, roi d'Italie et protecteur de la confédération du Rhin, à tous présens et à venir, Salut.

Vu le sénatus-consulte du 14 août 1806.

Nous avons décrété et ordonné, décrétons et ordonnons ce qui suit :

ARTICLE PREMIER.

Les titulaires des grandes dignités de l'Empire porteront le titre de *Prince* et d'*Altesse sérénissime*.

2. Les fils aînés des grands dignitaires auront de droit le titre de *Duc de l'Empire*, lorsque leur père aura institué en leur faveur un majorat produisant *deux cent mille francs* de revenu.

Ce titre et ce majorat seront transmissibles à leur descendance directe et légitime, naturelle ou adoptive, de mâle en mâle et par ordre de primogéniture.

3. Les grands dignitaires pourront instituer, pour leur fils aîné ou puîné, des majorats auxquels seront attachés des titres de *Comte* ou de *Baron*, suivant les conditions déterminées ci-après.

4. Nos ministres, les Sénateurs, nos conseillers d'état à vie, les présidens du corps-législatif, les archevêques, porteront, pendant leur vie, le titre de *comte*.

Il leur sera à cet effet, délivré des lettres patentes scellées de notre grand sceau.

5. Ce titre sera transmissible à la descendance directe et légitime, naturelle ou adoptive, de mâle en mâle, par ordre de primogéniture, de celui qui en aura été revêtu; et pour les archevêques, à celui de leurs neveux qu'ils auront choisi, en se présentant devant le prince archichancelier de l'Empire, afin d'obtenir à cet effet nos lettres patentes, et en outre aux conditions suivantes.

6. Le titulaire justifiera, dans les formes que nous nous réservons de déterminer,

d'un revenu de *trente mille francs*, en biens de la nature de ceux qui devront entrer dans la formation des majorats.

Un tiers desdits biens sera affecté à la dotation du titre mentionné dans l'art. 4, et passera avec lui sur toutes les têtes où ce titre se fixera.

7. Les titulaires mentionnés en l'article 4, pourront instituer, en faveur de leur fils aîné ou puîné, un majorat auquel sera attaché le titre de *baron*, suivant les conditions déterminées ci-après.

8. Les présidens de nos collèges électoraux de département, le premier président et le procureur-général de notre Cour de cassation; le premier président et le procureur général de notre Cour des comptes; les premiers présidens et les procureurs généraux de nos Cours d'appel; les évèques, les maires des trente-sept bonnes villes, qui ont droit d'assister à notre couronnement, porteront, pendant toute leur vie, le titre de *baron*; savoir : les présidens des collèges électoraux, lorsqu'ils auront présidé le collège pendant trois sessions; les premiers présidens, procureurs-généraux

et maires, lorsqu'ils auront dix ans d'exercice, et que les uns et les autres auront rempli leurs fonctions à notre satisfaction.

9. Les dispositions des articles 5 et 6 seront applicables à ceux qui porteront, pendant leur vie, le titre de *baron*; néanmoins ils ne seront tenus de justifier que d'un revenu de *quinze mille francs*, dont le tiers sera affecté à la dotation de leur titre, et passera avec lui sur toutes les têtes où ce titre se fixera.

10. Les membres de nos collèges électoraux de département, qui auront assisté à trois sessions des collèges et qui y auront rempli leurs fonctions à notre satisfaction, pourront se présenter devant l'archichancelier de l'Empire, pour demander qu'il nous plaise de leur accorder le titre de *baron*; mais ce titre ne pourra être transmissible à leur descendance directe et légitime, naturelle ou adoptive, de mâle en mâle, et par ordre de primogéniture, qu'autant qu'ils justifieront d'un revenu de quinze mille francs de rente, dont le tiers, lorsqu'ils auront obtenu nos lettres patentes, demeurera affecté à la dotation de leur

titre, et passera avec lui sur toutes les têtes où il se fixera.

11. Les membres de la légion d'honneur, et ceux qui, à l'avenir, obtiendront cette distinction, porteront le titre de *chevalier*.

12. Ce titre sera transmissible à la descendance directe et légitime, naturelle ou adoptive, de mâle en mâle, par ordre de primogéniture, de celui qui en aura été revêtu, en se retirant devant l'archichancelier de l'empire, afin d'obtenir à cet effet nos lettres patentes, et en justifiant d'un revenu de *trois mille frans* au moins.

13. Nous nous réservons d'accorder les titres que nous jugerons convenables aux généraux, préfets, officiers civils et militaires, et autres de nos sujets qui se seront distingués par les services rendus à l'état.

14. Ceux de nos sujets à qui nous aurons conféré des titres, ne pourront porter d'autres armoiries, ni avoir d'autres livrées que celles qui seront énoncées dans les lettres patentes de création.

15. Défendons à tous nos sujets de s'arroger des titres et qualifications que nous ne leur aurions pas conférés, et aux offi-

ciers de l'état civil, notaires et autres, de les leur donner : renouvelant, autant que besoin serait, contre les contrevenans, les lois actuellement en vigueur.

Donné en notre palais des Tuileries le premier mars 1808.

Décret impérial concernant les majorats.

NAPOLÉON, par la grâce de Dieu, Empereur des français, roi d'Italie, et protecteur de la confédération du Rhin, à tous présens et à venir, Salut.

Nos décrets du 30 mars 1806, et le sénatus-consulte du 14 août de la même année, ont établi des titres héréditaires avec transmission des biens auxquels ils sont affectés.

L'objet de cette institution a été non seulement d'entourer notre trône de la splendeur qui convient à sa dignité, mais encore de nourir au cœur de nos sujets une louable émulation, en perpétuant d'illustres souvenirs et en conservant aux âges futurs l'image toujours présente des récompenses qui, sous un gouvernement juste, suivent les grands services rendus à l'état.

Désirant de ne pas différer plus long-tems les avantages assurés par cette grande institution, nous avons résolu de régler, par ces présentes, les moyens d'exécution propres à l'établir et à garantir sa durée.

La nécessité de conserver dans les familles les biens affectés au maintien des titres, impose l'obligation de les excepter du droit commun, et de les assujétir à des règles particulières qui, en même tems qu'elles en empêcheront l'aliénation ou le démembrement, préviendront les abus, en donnant connaissance à tous nos sujets de la condition dans laquelle ces biens sont placés.

En conséquence, et comme l'article 8 du Sénatus-consulte du 14 août 1806, porte qu'il sera pourvu, par des réglemens d'administration publique, à l'exécution dudit acte, et notamment en ce qui touche la jouissance et conservation, tant des propriétés réversibles à la couronne, que des propriétés substituées en vertu de l'article ci-dessus mentionné, nous avons résolu de déterminer les principes de la formation des majorats, soit qu'elle ait lieu à raison des titres que nous aurons conférés, soit qu'elle ait pour objet des titres dont notre munificence aurait, en tout ou en partie, composé la dotation.

Nous avons voulu aussi établir les exceptions qui distinguent les majorats des biens régis par le Code Napoléon, les conditions de leur institution dans les familles, et les devoirs imposés à ceux qui en jouissent.

A ces causes, vu nos décrets du 30 mars et le Sénatus-consulte du 14 août 1806, notre Conseil d'Etat entendu, nous avons DÉCRÉTÉ et ORDONNÉ, DÉCRÉTONS et ORDONNONS ce qui suit :

TITRE PREMIER.

Des formes à suivre de la part de ceux qui sont autorisés à transmettre leur titre en formant un Majorat.

SECTION PREMIÈRE.

Composition des Majorats ; forme et examen de la demande en institution

ARTICLE PREMIER.

Il ne pourra entrer dans la formation

d'un majorat que des immeubles libres de tous privilèges et hypothèques, et non grevés de restitution en vertu des articles 1048 et 1049 du Code Napoléon.

2. Les rentes sur l'Etat et les actions de la banque de France pourront être admises dans la formation d'un majorat, toutes les fois qu'elles auront été immobilisées, savoir : les actions de la banque, en la manière prescrite par l'article 7 de notre décret du 16 janvier dernier ; et les rentes, dans la forme réglée par les articles suivans.

3. Les rentes seront immobilisées par la déclaration que fera le propriétaire, dans la même forme que pour les transferts de rentes.

4. Les rentes ainsi immobilisées continueront à être inscrites sur le grand livre de la dette publique pour mémoire, avec déclaration de l'immobilisation, et seront en outre portées sur un livre particulier.

5. Les extraits d'inscriptions qui en seront délivrés, ainsi que des actions sur la banque de France, porteront un timbre qui annoncera qu'elles sont affectées à un majorat.

6. La portion du revenu d'un majorat, qui sera en rentes sur l'Etat ou en actions de la banque, sera soumise à une retenue annuelle d'un dixième, qui sera successivement, chaque année, replacé en rentes sur l'Etat, ou en actions de la banque, au profit du titulaire du majorat, et des appelés après lui. Ces rentes ou actions seront également immobilisées.

SECTION II.

Des Majorats formés par ceux qui ont la faculté de transmettre leur titre.

7. Ceux de nos sujets auxquels les titres de *Duc*, de *Comte*, de *Baron*, sont conférés de plein droit, et qui voudront profiter de la faculté de rendre leur titre transmissible, en formant un majorat, adresseront, à cet effet, une requête à notre cousin le prince Archichancelier de l'Empire.

8. La demande sera motivée.

Elle énoncera :

1°. La nature et la durée des fonctions qui rendent le requérant capable d'instituer un majorat;

2°. L'espèce de majorat pour lequel la demande est formée;

3°. Les biens que le requérant se propose d'affecter à sa formation;

4°. Le produit de ces biens;

5°. Le certificat du conservateur, portant qu'ils ne sont grevés d'aucune hypothèque ni privilège;

6°. Le nombre des enfans vivans de celui qui forme la demande, avec distinction des mâles et des filles.

9. Le produit des biens sera justifié, s'ils consistent en immeubles.

1°. Par des baux, formant ensemble une durée de vingt-sept ans;

2°. Par l'extrait du rôle des impositions.

A défaut de baux, le requérant produira un état estimatif des revenus et un acte de notoriété donné devant le juge de paix ou un notaire, par sept notables de l'arrondissement où les biens sont situés, et constatant la commune renommée.

Toutes ces pièces seront jointes à la requête.

10. L'Archichancelier fera transcrire la demande sur un registre par le Secrétaire-

général du conseil mentionné ci-après, et délivrer au requérant un bulletin d'enregistrement.

11. L'Archichancelier procédera à l'examen de la demande, assisté d'un conseil nommé par nous, et composé ainsi qu'il suit :

Trois Sénateurs, deux Conseillers d'Etat, un Procureur-général, un Secrétaire-général.

Ce conseil sera dénommé *Conseil du sceau des titres*.

Le Secrétaire-général tiendra registre des délibérations, et en sera dépositaire.

12. Ce conseil délibérera à la majorité, après avoir entendu le rapport du Procureur-général, fait sur la requête et les pièces jointes.

S'il ne se trouve pas suffisamment éclairé, notre cousin l'Archichancelier pourra ordonner qu'il sera pris de nouveaux renseignemens à la diligence du Procureur-général, qui correspondra, à cet effet, avec les magistrats, fonctionnaires et particuliers.

13. Aussitôt la demande enregistrée, notre dit cousin donnera un acte indicatif des biens proposés pour former le majorat.

En vertu de cet acte, et à compter de la quinzaine expirée après sa transcription au bureau des hypothèques de la situation des biens; les biens qui y sont désignés deviendront inaliénables pendant un an, et ne pourront être frappés ni de privilège, ni d'hypothèque, ni des charges mentionnées dans les art. 1048 et 1049 du Code Napoléon, ni d'aucune condition qui en diminuerait la propriété ou le produit.

La transcription aura lieu à la diligence du procureur-général du sceau des titres, sur les registres du conservateur des hypothèques, lequel sera tenu de donner avis au procureur-général des inscriptions ou transcriptions qui auraient pu survenir, jusqu'à l'expiration de ladite quinzaine.

En même tems que le procureur-général du sceau fera faire la transcription pour purger les hypothèques judiciaires et conventionnelles, il fera aussi ses diligences pour purger ou connaître les hypothèques légales, selon les formes voulues par les lois; et il en sera certifié par lui avant la délivrance de l'avis dont il sera parlé à l'article suivant.

14. Si l'avis est favorable à la demande, notre cousin l'Archichancelier nous présentera, avec la requête, les pièces jointes et ledit avis, un projet de décret conférant le titre demandé et autorisant la formation du majorat.

15. Quand le conseil sera d'avis que les biens proposés ne remplissent pas les conditions ordonnées pour la formation des majorats, la requête, les pièces produites à l'appui, et ledit avis, seront mis sous nos yeux par l'Archichancelier.

Si nous approuvons l'avis du conseil, la requête et les pièces seront rendues au requérant par le secrétaire-général.

Ladite remise sera mentionnée au registre, et le procureur-général adressera aux conservateurs des hypothèques de la situation des biens, une réquisition en vertu de laquelle toute transcription sera rayée.

16. Lorsque nous aurons signé le décret, la requête et les pièces à l'appui seront déposées aux archives du sceau des titres, avec une expédition du décret.

Section III.

Délivrance, publication et enregistrement des lettres patentes.

17. Sur la demande de l'impétrant, il lui sera expédié des lettres patentes.

18. Il sera tenu, à cet effet, de verser à la caisse de la Légion-d'Honneur, une somme égale au cinquième d'une année des revenus du majorat.

Moitié de cette somme appartiendra à la Légion-d'Honneur; l'autre moitié affectée aux frais du sceau.

19. Les lettres patentes seront rédigées sur parchemin, revêtues de notre grand sceau.

20. Elles énonceront:

1°. Les motifs de la distinction que nous aurons accordée;

2°. Le titre affecté par nous au majorat;

3°. Les biens qui en forment la dotation;

4°. Les armoiries et livrée accordées à l'impétrant.

21. Les lettres patentes seront transcrites en entier sur un registre spécialement

(213)

consacré à cet usage, et qui demeurera déposé aux archives du conseil du sceau des titres.

Il sera fait mention du tout sur lesdites lettres patentes, par le secrétaire du sceau des titres.

22. Notre cousin l'Archichancelier de l'empire se rendra au Sénat, pour, conformément à l'article 7 du Sénatus-consulte du 14 août 1806, donner communication de nos lettres patentes, et les faire transcrire sur les registres.

23. Les lettres patentes seront, à la diligence, tant du procureur-général que de l'impétrant, sur le réquisitoire du ministère public, publiées et enregistrées à la Cour d'appel et au Tribunal de première instance du domicile de l'impétrant et de la situation des biens affectés au majorat.

Le greffier de chacune de ces Cours et Tribunaux fera mention sur l'original des lettres, de la publication à l'audience et de la transcription sur les registres.

Elles seront, en outre, insérées en entier au bulletin des lois, et transcrites sur le registre du conservateur des hypothèques de la situation des biens.

24. Les frais de publication et d'enregistrement sont à la charge de l'impétrant.

TITRE II.

Des formes à suivre pour les Majorats créés, soit de propre mouvement, soit sur la demande de ceux qui n'ont pas le droit de requérir la transmission.

SECTION PREMIÈRE.

Majorats de propre mouvement.

25. Lorsque la totalité de la dotation du titre aura été accordée par nous, notre décret et l'état des biens affectés au majorat, seront adressés à notre cousin l'Archichancelier, lequel, sur la poursuite de l'impétrant, fera expédier les lettres patentes. Dans le mois de leur expédition, les lettres seront enregistrées, publiées, et transcrites ainsi qu'il est ordonné par les art. 21 et 22.

26. Lorsque la dotation du titre aura été faite en tout ou en partie par le titulaire,

les lettres patentes ne pourront être expédiées qu'après la vérification des dispositions prescrites en la section II du titre II du présent décret, et lorsqu'elles auront été accomplies.

SECTION II.

Majorats sur demande.

27. Ceux de nos sujets qui désireront d'instituer dans leur famille un majorat, conformément à la faculté établie par l'art. 5 du sénatus-consulte du 14 août 1806, nous adresseront directement une requête à cet effet.

28. Cette requête sera motivée. Elle contiendra, outre l'énoncé des services du requérant et de sa famille, les différentes déclarations prescrites par l'article 8.

29. Lorsque la demande nous paraîtra susceptible d'être prise en considération, la requête et les pièces à l'appui seront renvoyées à notre cousin l'Archichancelier, qui les fera examiner par le conseil du sceau des titres, suivant les formes prescrites aux articles 10, 11 et 12.

30. L'Archichancelier nous présentera les conclusions du procureur-général et l'avis du conseil, non seulement sur les moyens de formation du majorat, mais encore sur les services, les mœurs et la vie honorables du requérant et de sa famille.

31. L'Archichancelier, d'après nos ordres, nous présentera, s'il y a lieu, le projet de décret tendant à l'institution du majorat, aux conditions qu'il nous plaira d'imposer.

32. Dans le cas où la demande serait rejetée, l'Archichancelier ordonnera la remise des pièces au requérant, avec mention de ladite remise aux registres.

33. Lorsque la demande sera accordée, l'Archichancelier fera expédier les lettres patentes. S'il nous a plu d'imposer des conditions, l'Archichancelier, avant l'expédition des lettres patentes, nous rendra compte de leur accomplissement.

34. Les formes à suivre pour la délivrance, la publication et l'enregistrement des lettres patentes, seront celles prescrites au titre I, section III.

TITRE III.

Des effets de la création des Majorats.

SECTION PREMIÈRE.

Des effets de la création des Majorats, quant aux personnes.

35. Le titre qu'il nous aura plu d'attacher à chaque majorat, sera affecté exclusivement à celui en faveur duquel la création aura eu lieu, et passera à sa descendance légitime, naturelle ou adoptive, de mâle en mâle, par ordre de primogéniture.

36. Toutefois, aucun de nos sujets, revêtu d'un titre, ne pourra adopter un enfant mâle, suivant les règles déterminées par le Code Napoléon, ou transmettre le titre qui lui sera accordé ou échu, à un enfant adopté, avant qu'il soit revêtu de ce titre, si ce n'est avec notre autorisation, énoncée dans nos lettres patentes délivrées à cet effet.

Celui qui voudra obtenir ladite autorisation, se pourvoira devant notre cousin le

Sixième édition. 10

prince Archichancelier, qui prendra à cet effet nos ordres.

37. Ceux de nos sujets auxquels les titres de Duc, de Comte, de Baron ou Chevalier, seront conférés de plein droit, ou ceux qui auront obtenu en leur faveur la création d'un majorat, prêteront, dans le mois, le serment suivant : « Je jure d'être
» fidèle à l'Empereur et à sa dynastie, d'obéir
» aux constitutions, lois et réglemens de
» l'Empire, de servir S. M. en bon, loyal
» et fidèle sujet, et d'élever mes enfans dans
» les mêmes sentimens de fidélité et d'o-
» béissance, et de marcher à la défense de
» la patrie toutes les fois que le territoire
» sera menacé, ou que S. M. irait à l'ar-
» mée. »

38. Le même serment sera prêté, dans les trois mois, par ceux qui seront appelés à recueillir un majorat.

39. Les Ducs prêteront le serment, entre nos mains et nous seront présentés par l'Archichancelier.

Les Comtes, les Barons et les Chevaliers le prêteront entre les mains de celui ou de ceux que nous aurons désignés à cet effet.

Section II.

De l'effet de la création des Majorats relativement aux biens qui les composent.

§ Ier.

De la conduite des biens.

40. Les biens qui forment les majorats sont inaliénables; ils ne peuvent être engagés ni saisis.

Néanmoins, les enfans du fondateur qui ne seraient pas remplis de leur légitime sur les biens libres de leur père, pourront en demander le complément sur les biens donnés par le père pour la formation du majorat.

41. Tout acte de vente, donation ou aliénation de ces biens par le titulaire, tout acte qui les frapperait de privilège ou d'hypothèque, tout jugement qui validerait ces actes, hors les cas ci après exprimés, sont nuls de plein droit.

42. La nullité des jugemens sera prononcée par notre conseil d'état, dans la forme réglée par nos décrets des 11 juin et 22 juillet 1806, relatifs aux affaires du

contentieux de l'administration, soit à la diligence du titulaire du majorat, soit sur la réquisition du procureur-général du sceau des titres.

43. Défendons aux notaires de recevoir les actes énoncés en l'article 41, aux préposés de l'enregistrement de les enregistrer, aux juges, d'en prononcer la validité.

44. Défendons pareillement à tous agens de change, sous peine de destitution, même de peines plus graves, s'il y échet, et de tous dommages-intérets des parties, de négocier directement ni indirectement les inscriptions et actions de la banque marquées du timbre établi par l'art. 5.

45. Les biens des majorats ne pourront être grevés d'aucune hypothèque légale ni judiciaire.

46. Toutefois, si, en vertu d'une hypothèque légale, acquise antérieurement aux formalités dont il est parlé à l'art. 13, et non purgée ou remplie, aux termes du Code Napoléon, il y avait lieu à diminution de la valeur des biens du majorat, le titulaire devra, s'il en est requis, compléter ou remplacer les fonds affectés à son

titre, et qui en auraient été retranchés par l'effet de ladite hypothèque.

§. II.

De la jouissance des biens.

47. La jouissance des biens suivra le titre sur toutes les têtes où il la fixera, d'après les dispositions de l'art. 54.

48. Au décès du titulaire, soit qu'il laisse une postérité mâle, soit que, faute de postérité mâle, le majorat se trouve éteint ou transporté hors de la descendance masculine, sa veuve aura droit à une pension qui sera prise sur le revenu des biens affectés au majorat.

49. Cette pension sera de la moitié du produit, si le majorat est éteint ou transféré, et du tiers, si le majorat subsiste encore; dans ce dernier cas, la pension ne sera due,

1°. Qu'autant que la veuve ne trouvera pas, dans ses biens personnels, un revenu égal à celui que la pension lui eût donné;

2°. Qu'autant qu'elle restera en viduité ou ne se remariera qu'avec notre permission.

50. Le titulaire du majorat sera tenu,

1°. D'acquitter les impositions et autres charges réelles;

2°. D'entretenir les biens en bon père de famille;

3°. De payer la pension de la veuve du titulaire précédent;

4°. De payer les dettes de ce titulaire, pour lesquels, aux termes de l'art. 52, les revenus auraient pu être délégués, sans néanmoins que le titulaire actuel soit obligé d'y employer plus du tiers du produit des biens, pendant les deux premières années de sa jouissance;

5°. De payer, à défaut d'autres biens suffisans, les dettes de la nature de celles qui sont énoncées dans l'article 2101 du Code Napoléon, et qui auraient été laissées par les père et mère décédés du titulaire actuel.

Ces payemens ne sont forcés que jusqu'à concurence d'une année de revenu.

51. Les revenus du majorat seront insaisissables hors le cas et les proportions où ils auraient pu être délégués.

52. Ils ne pourront être délégués que

pour les dettes privilégiées indiquées par l'art. 2101 du Code Napoléon, et par les numéros 4 et 5 de l'art. 2103; mais la délégation ne sera permise, pour cette dernière cause, qu'autant que les réparations n'excéderont pas celles qui sont à la charge des usufruitiers.

Dans l'un ni dans l'autre cas, la délégation ne pourra avoir lieu que jusqu'à concurrence de la moitié du revenu.

53. S'il survient des cas qui exigent des travaux ou des réparations considérables, aux édifices ou propriétés composant le majorat, et excédant les sommes dont la disposition est ci-dessus autorisée, il y sera pourvu, s'il y a lieu, par un décret rendu par nous en conseil d'état, sur la demande du titulaire et l'avis du conseil du sceau des titres.

TITRE IV.

De l'autorisation d'aliéner les biens affectés aux majorats, des formes de cette aliénation, et du remploi.

SECTION PREMIÈRE.

De l'autorisation d'aliéner les biens affectés à un majorat.

54. Nous nous réservons d'autoriser, et même d'ordonner, quand les circonstances nous paraîtront l'exiger, l'aliénation des biens situés hors de notre empire, et affectés par nous à la dotation d'un titre, pour être remplacés par des biens situés en France.

55. Les personnes revêtues des titres dont il est parlé à l'art. précédent, auront aussi la faculté de demander l'aliénation et le remploi.

56. Pourront, les titulaires qui auront formé eux-mêmes la dotation, obtenir, s'il y a nécessité ou utilité, l'autorisation de changer, en tout ou partie, les biens qui la composent.

57. Dans l'un ou dans l'autre cas, les titulaires adresseront leur demande avec les pièces justificatives exigées par l'art. 8, à l'Archichancelier de l'empire, qui prendra nos ordres, pour la faire examiner, s'il y a lieu, par le conseil du sceau des titres.

58. Le conseil procédera sur la demande en la forme prescrite par l'art. 12.

Si son avis est favorable, l'archichancelier nous présentera, avec ledit avis et le rapport du procureur-général, un projet de décret tendant à autoriser l'aliénation ou l'échange, en spécifiant le mode et les conditions de la vente; et ordonnant, s'il y a lieu, le dépot du prix à la caisse d'amortissement, jusqu'à l'accomplissement dudit remploi.

59. La vente pourra être faite de gré à gré ou aux enchères.

60. Jusqu'à ce qu'elle soit consommée, le titulaire continuera de percevoir les revenus du majorat.

61. L'impétrant soumettra au conseil du sceau des titres, le projet, soit de vente, soit d'échange, ou le cahier des charges.

62. Le conseil, après avoir pris les renseignemens nécessaires, donnera, sur les conclusions du procureur-général, son avis qui nous sera présenté par l'archichancelier.

63. Quand nous croirons devoir approuver l'avis, il sera expédié des lettres-patentes, lesquelles seront délivrées, enregistrées, publiées et transcrites, ainsi qu'il est dit au titre premier.

Dès ce moment, les biens dont l'aliénation sera permise rentreront dans le commerce.

64. Le contrat de vente ou d'échange, ou d'adjudication, aura lieu en présence du procureur-général du conseil du sceau des titres ou de son délégué.

65. Toute adjudication, vente ou échange dans lesquels quelques-unes des formalités établies dans les articles précédens de la présente section n'auront pas été observées, seront nuls et de nul effet.

66. Les nullités seront prononcées par notre conseil d'état, qui statuera dans les formes prescrites par nos décrets des 11 juin et 22 juillet 1806, sur la poursuite du procureur-général.

Défendons à nos Cours et tribunaux d'en connaître.

67. L'acquéreur devra de plein droit, au titulaire, les intérêts du prix, jusqu'au payement, encore qu'ils n'eussent pas été stipulés et sans qu'il soit besoin de jugement.

Il ne sera libéré qu'en versant le prix, aux termes convenus, dans la caisse d'amortissement, qui en payera l'intérêt au titulaire.

SECTION II.

Du remploi du prix des biens aliénés.

68. Le remploi du prix des biens aliénés sera fait dans les six mois de l'aliénation, en biens de la nature de ceux qui, suivant les articles 1 et 2 du présent décret, doivent former les majorats.

Il sera affecté dans les formes et de la manière suivante.

69. Le titulaire, s'il se propose de faire le remploi en immeubles réels, présentera au conseil du sceau des titres,

1°. L'état des biens qu'il désire d'acquérir ;

2°. Les titres qui en constatent la propriété et la valeur;

2°. Les pièces qui en justifient le produit;

4°. Et, s'il y a lieu, les conditions de la vente.

70. Le conseil, après avoir pris les renseignemens nécessaires, formera son avis, qui nous sera présenté par l'archichancelier, pour être par nous définitivement statué ainsi qu'il appartiendra.

71. Dans le cas où nous ne jugerions pas à propos d'autoriser l'acquisition, nous nous réservons de proroger le terme qui est accordé au titulaire pour trouver un remploi.

Dans le cas contraire, notre décret approbatif sera revêtu de lettres-patentes, lesquelles seront délivrées, enregistrées, publiées et transcrites, ainsi qu'il est dit au titre premier.

72. Les biens admis en remploi prendront la nature et la condition qu'avaient les biens qu'ils remplaceront, avant qu'ils eussent été remis dans le commerce.

73. Lorsqu'aux termes du décret d'a-

liénation, ou par un décret subséquent, le remploi aura été permis, soit en rentes sur l'état, soit en actions de la banque, le ministre du trésor public, ou le gouverneur de la banque, donnera au titulaire qui aura fait l'acquisition des rentes ou des actions pour le montant du remploi, déclaration de leur immobilisation, suivant les formes prescrites en la section première du titre premier.

Un double de cette déclaration sera déposé aux archives du sceau, pour être joint à l'état des biens du majorat; et, sur la représentation de l'autre double, le directeur de la caisse d'amortissement effectuera le paiement, jusqu'à concurence de la valeur desdites rentes ou actions, au cours du moment de leur acquisition.

Titre V.

Dipositions générales.

74. Conformément à l'art. 6 du sénatus-consulte du 14 août 1806, les propriétés possédées en majorat, n'auront et ne conféreront à ceux en faveur desquels ils

seront érigés, aucuns priviléges, relativement à nos autres sujets et à leurs propriétés.

En conséquence les titulaires demeureront soumis aux loix civiles et criminelles, et à toutes les lois qui régissent nos états, en tant qu'il n'y est point dérogé par ces présentes; ils supporteront les contributions personnelles, mobilières et immobilières, directes et indirectes, dans la même proportion que les autres citoyens.

75. Si la descendance masculine et légitime d'un titulaire qui aura fourni les biens composant la dotation, vient à s'éteindre, le titre demeurera supprimé; les biens affectés au majorat deviendront libres dans la succession du dernier titulaire, et seront recueillis par ses héritiers. Nous nous réservons cependant, suivant les circonstances, et sur la demande du titulaire, de transporter le titre et le majorat sur la tête de l'un de ses gendres, ou, s'il n'a pas d'enfans, de l'un de ses héritiers collatéraux, sans que la présente disposition puisse préjudicier aux droits de légitime qui pour-

raient être dûs sur les biens composant la dotation.

Lorsque la dotation du majorat aura été en tout ou partie accordée par nous, avec condition de retour dans le cas d'extinction de la descendance masculine et légitime, le cas y échéant, la condition s'accomplira sur ces biens, ou sur ceux qui auraient pu être acquis en remploi, et notre procureur-général au conseil du sceau des titres, nos procureurs-généraux près les Cours, nos procureurs près les tribunaux et nos agens du domaine, en surveilleront l'exécution.

Donné en notre palais des Tuileries, le premier mars 1808.

Décret impérial concernant la formation, l'instruction et la suite des demandes en création de majorats.

NAPOLÉON, Empereur des français, roi d'Italie, et protecteur de la confédération du Rhin ;

Notre conseil d'état entendu,

Nous avons décrété et ordonné, décrétons et ordonnons ce qui suit :

ARTICLE PREMIER.

Les demandes en création de majorats, formées en vertu de l'article 7 de notre deuxième statut du premier mars 1808, celles en aliénation et en remploi, et en général toutes les demandes relatives aux majorats, et susceptibles d'être examinées au conseil du sceau des titres, soit directement, soit d'après le renvoi que nous en aurons fait, seront formées, instruites et suivies par le ministère de l'un des avocats de notre conseil d'état.

Il en sera usé de même pour toutes les affaires où le conseil du sceau des tires est appelé à délibérer.

2. Seront également fournis par le ministère des avocats au conseil, les renseignemens que le procureur-général du conseil du sceau des titres pourrait demander à l'impétrant ou au titulaire, et les justifications que les uns et les autres seront tenus de faire, sans néanmoins qu'il soit dérogé à l'article 12 de notre deuxième statut, en ce qui concerne la correspondance

du procureur-général avec les autorités locales pour les mêmes objets.

3. Lorsque la dotation d'un titre aura été accordée par nous, soit en totalité, soit en partie, et qu'il s'agira de procéder à l'acte de constitution des biens affectés au majorat, le titulaire sera assisté de l'un des avocats à notre conseil, ou pourra même se faire représenter par lui avec l'autorisation de notre cousin le prince archichancelier de l'empire.

Dans ce dernier cas, le titulaire sera tenu de fournir une procuration spéciale, contenant pouvoir à l'avocat qu'il aura constitué, de se soumettre, en son nom, à l'accomplissement des conditions qu'il nous aurait plu d'imposer.

4. L'expédition et la délivrance de toutes lettres-patentes seront également poursuivies par le ministère des avocats au conseil, lesquels néanmoins ne pourront, en aucuns cas, joindre le projet d'icelles à leur requête.

5. Lorsque des lettres-patentes contiendront l'institution d'un majorat, le secrétaire général en délivrera une expédition

certifiée par notre cousin l'archichancelier, à l'avocat constitué, lequel sera personnellement tenu de faire, au nom de l'impétrant, les diligences nécessaires pour l'enregistrement desdites lettres patentes dans les Cours d'appel et tribunaux de première instance, ainsi que pour leur transcription sur le registre du conservateur des hypothèques.

6. Si l'avocat constitué ne justifie point, dans le délai de deux mois, de l'enregistrement, en représentant à notre procureur-général la copie certifiée des lettres-patentes avec mention qu'elles ont été publiées et enregistrées, et de la transcription par le certificat du conservateur, il sera procédé à l'accomplissement desdites formalités, à la diligence du procureur-général, aux frais de l'avocat constitué, sauf son recours contre son commettant.

7. Les dispositions des deux précédens articles sont applicables aux actes de constitution des biens affectés à un majorat.

8. La constitution d'avocat, et le dépôt des demandes, pièces et mémoires, seront faits au secrétariat du sceau des titres, dans

la forme prescrite par l'article 27 du réglement du 11 juin 1806, et par les articles 1, 2 et 5 du réglement du 22 juillet, sur les affaires contentieuses portées au conseil d'état.

9. Le secrétaire-général du conseil du sceau des titres présentera à notre cousin l'archichancelier de l'empire, les demandes qui doivent lui être adressées dans tous les cas prévus par nos deux statuts impériaux du premier mars, et il fera le renvoi au procureur-général, de l'ordre de notre dit cousin, desdites requêtes, ainsi que des pièces et mémoires fournis par les impétrants ou par les titulaires, lorsqu'il y aura lieu à la communication.

10. Les droits des avocats au conseil, employés dans les cas énoncés au présent décret, seront les mêmes que ceux qui leur sont ou pourront être alloués pour les affaires qu'ils suivent au conseil d'état, jusqu'au réglement qui sera définitivement arrêté.

11. Le présent décret sera inséré au bulletin des lois.

Décret impérial concernant les droits d'enregistrement et de transcription des actes relatifs à l'institution des majorats.

NAPOLÉON, Empereur des Français, roi d'Italie, protecteur de la confédération du Rhin;

Sur le rapport de notre ministre des finances;

Vu le sénatus-consulte du 14 août 1806, ensemble nos décrets des 1er. et 17 mars 1808, concernant les titres et majorats;

Notre conseil d'état entendu,

Nous avons décrété et décrétons ce qui suit:

ARTICLE PREMIER.

L'acte indicatif des biens, déterminé par l'article 13 de notre décret du premier mars 1808, sera fait sur papier timbré et enregistré.

Il ne sera payé pour l'enregistrement que le droit fixe d'un franc, et pour la transcription aux hypothèques, que le salaire du conservateur.

Nos lettres patentes, portant institution

de majorats, devant être enregistrées dans nos Cours et tribunaux, les ampliations qui en seront délivrées à cet effet, ne seront pas soumises au timbre et au droit d'enregistrement.

Il sera perçu,

1°. Lors de leur enregistrement dans les Cours d'appel, savoir :

Pour les majorats duchés..... 72 fr.
Pour les majorats comtés..... 48
Pour les majorats baronnies..... 24

Les deux tiers du droit seront pour l'enregistrement.

L'autre tiers pour le greffe.

Il ne sera payé pour l'enregistrement, dans les tribunaux de première instance, que moitié du droit ci-dessus;

2°. Lors de leur transcription aux registres des hypothèques, un droit égal à celui attribué au greffe des tribunaux de première instance pour l'enregistrement.

2. L'acte de constitution, ou le procès-verbal de désignation des biens composant les majorats de propre mouvement, tant ceux dont la totalité de la dotation aura été accordée par nous, que ceux dont la

dotation n'aura été faite par nous qu'en partie, sera sur papier timbré, et ne payera aucun droit d'enregistrement.

La transcription aux registres des hypothèques ne sera assujétie qu'au salaire du conservateur, et l'enregistrement, dans les Cours et tribunaux, qu'au paiement des droits ordinaires de greffe.

3. Dans le cas où il serait tenu un procès-verbal d'acceptation des conditions qu'il nous plaira d'imposer, lors de l'érection d'un majorat sur demande, il sera sur papier timbré, et soumis à l'enregistrement fixe d'un franc.

4. Les actes portant acquisition d'immeubles, passés en conformité de nos ordres ou de notre autorisation, pour effectuer le remplacement en France de propriétés situées hors de l'empire, des échanges des biens situés en France, seront assujétis aux mêmes droits d'enregistrement et d'hypothèques que les transactions de pareille nature entre particuliers.

5. Les mutations, par décès, des biens composant un majorat, ne donneront ouverture qu'à un droit égal à celui qui est

perçu pour les transmissions de simple usufruit en ligne directe; il sera à la charge du majorat, et payé par proportion, sans qu'il puisse être réclamé contre la succession du titulaire décédé.

6. Notre ministre des finances est chargé de l'exécution du présent décret.

Décret relatif aux majorats dans le royaume d'Italie.

NAPOLÉON, par la grâce de dieu et les constitutions, Empereur des Français, roi d'Italie, et protecteur de la confédération du Rhin,

A tous ceux qui les présentes verront, salut.

Voulant donner un complément aux institutions créées par le titre II du 6e statut constitutionnel,

Nous avons ordonné et décrété, ordonnons et décrétons ce qui suit:

Septième statut constitutionnel.

Tit. Ier. — *Des Titres.*

Art. 1er. Ceux des électeurs qui auront été trois fois présidens des collèges électoraux-généraux, porteront le titre de ducs, et pourront le transmettre à celui de leurs fils en faveur duquel ils auront institué un majorat d'un revenu annuel de 200 mille liv. de Milan, soit en biens fonds, soit en rentes inaliénables sur le Mont-Napoléon.

2. Les grands-officiers de la couronne porteront le titre de comtes.

3. Les fils aînés des grands-officiers de la couronne auront le titre de comtes, lorsque leur père aura institué en leur faveur un majorat d'un revenu de 50,000 liv. Le titre et le majorat seront transmissibles à leur descendance directe et légitime, naturelle ou adoptive, de mâle en mâle, par ordre de primogéniture.

4. Les grands-officiers du royaume pourront instituer pour leur fils aîné ou pour leur fils cadet, des majorats auxquels seront attachés les titres de comte ou de baron, suivant les conditions déterminées ci-après.

5. Nos ministres, les sénateurs, les conseillers d'état, chargés de quelque partie de l'administration publique, et les archevêques, porteront, durant leur vie, le titre de comte.

6. Ce titre sera transmissible à la descendance directe, légitime, naturelle ou adoptive, de mâle en mâle, par ordre de primogéniture, de celui qui en aurait été revêtu; et, par les archevêques, à celui de leurs neveux qu'ils auront choisi, à la charge de se présenter devant notre chancelier garde des sceaux, afin d'obtenir nos lettres patentes.

7. Le titulaire justifiera, dans la forme que nous nous réservons de déterminer, d'un revenu net de 30,000 liv., en biens de la même nature que ceux qui devront entrer dans la formation des majorats. Un tiers desdits biens sera affecté à la dotation du titre mentionné à l'art. 5, et passera à toutes les personnes sur lesquelles le titre se fixera.

8. Les titulaires mentionnés à l'art. 4 pourront instituer, en faveur de leur fils aîné ou de leur fils cadet, et les archevêques, en faveur d'un de leurs neveux, un majorat auquel sera attaché le titre de baron.

9. Les présidens de nos collèges électoraux de département, le premier président et le procureur-général de notre Cour de

Sixième édition. 11

cassation ; les premiers présidens et les procureurs-généraux de nos Cours d'appel, les évêques, les podestats des villes de Milan, Venise, Bologne, Vérone, Brescia, Modène, Reggio, Mantoue, Ferrare, Padoue, Udine, Ancône, Macerata, Ravenne, Rimini, Césène, Crémone, Navare, Vicence, Bergame, Faenza et Forli, porteront, leur vie durant, le titre de Baron ; savoir : les présidens des collèges électoraux, qui auront présidé le collège pendant trois sessions, les premiers présidens, procureurs-généraux et podestats, qui auront dix années d'exercice, et qui auront rempli leurs fonctions à notre satisfaction.

10. Pourront aussi les membres des collèges électoraux-généraux, prendre le titre de baron, sur la demande qui nous en sera faite, et le transmettre à celui de leur fils en faveur duquel ils auront institué un majorat de 15,000 livres de revenu, soit en biens fonds, soit en rentes inaliénables sur le Mont-Napoléon.

11. Les dispositions des articles 6 et 7 seront applicables à ceux qui porteront, leur vie durant, le titre de Baron ; néan-

moins, ils ne seront tenus de justifier que d'un revenu de 15,000 liv., dont le tiers sera destiné à la dotation du titre, et passera à tous les individus sur lesquels le titre se fixera.

12. Les dignitaires, les commandeurs et chevaliers de l'ordre de la couronne de fer pourront transmettre le titre de chevalier à leur descendance directe et légitime, naturelle ou adoptive, de mâle en mâle, par ordre de primogéniture, en se présentant devant le chancelier garde des sceaux, à l'effet d'obtenir nos lettres patentes, et en justifiant d'un revenu de 3,000 liv.

13. Nous nous réservons d'accorder les titres que nous jugerons convenables aux Généraux, Préfets, Officiers civils et militaires, et autres de nos sujets qui se seront distingués par des services réels rendus à l'État.

14. Ceux de nos sujets à qui nous aurons conféré des titres, ne pourront porter d'autres armoiries, ni avoir d'autres livrées que celles qui seront désignées dans les lettres patentes d'institution.

15. Défendons à tous nos sujets de s'ar-

roger des titres et qualifications que nous ne leur aurons pas donnés, et aux officiers de l'état civil, notaires et autres, de leur donner ces titres, renouvelant, en tant que de besoin, contre les contrevenans, les lois actuellement en vigueur.

Décret Impérial relatif aux Majorats.

ARTICLE PREMIER.

La femme mariée peut constituer en majorat en faveur de son mari et de leurs descendans communs, les biens à elle propres, sans qu'il soit besoin d'autre autorisation que celle requise par l'article 217 du Code Nopoléon.

2. Les biens grevés d'inscriptions hypothécaires, ayant pour cause des rentes non-exigibles, ou des créances non actuellement remboursables, pourront entrer dans la formation d'un majorat, nonobstant la disposition de l'article 1er. de notre 2e. statut du 1er. mars 1808, auquel il est dérogé à cet égard, pourvu que le requérant puisse fournir, sur ses autres biens, une sûreté suffisante pour garantir le majorat de l'effet desdites inscriptions.

(245)

3. Si l'inscription a pour cause un droit non ouvert ou une rente non exigible qui n'excède pas le cinquantième du revenu exigé pour le titre attaché au majorat, la garantie sera jugée suffisante, lorsque la somme des biens proposés présentera un surplus de valeur égal au capital de la rente, calculé sur le pied du denier trente.

4. Dans tous les autres cas le conseil du sceau des titres indiquera les conditions et les formalités qui, selon les circonstances où se trouvera le requérant, paraîtront les plus propres à assurer la garantie mentionnée en l'art. 1er du présent décret; et il ne délivrera l'avis prescrit par les art. 13 et 14 du 2e. statut, qu'après qu'il lui aura été certifié par le Procureur-général que les conditions et formalités ont été remplies.

SECONDE PARTIE.

OBSERVATIONS

SUR LE CÉRÉMONIAL DES LETTRES, PLACETS ET PÉTITIONS, A ÉCRIRE AUX PERSONNES DE LA COUR.

Règles de bienséance.

1°. On doit se servir, pour les placets adressés à LL. MM. II. et RR., aux souverains des Cours étrangères, aux princes et princesses de la famille impériale, et aux grands dignitaires, du plus beau papier et de la dimension de celui dit à *la tellière*. Les placets n'ont pas besoin d'être timbrés.

Les pétitions aux ministres et aux chefs d'administrations publiques, ainsi qu'aux préfets de départemens ou de police, doivent être timbrés. On peut cependant faire sa pétition sur du papier convenable, et la faire timbrer après, ce qui vaut beaucoup mieux, le papier que l'on achète tout timbré étant ordinairement fort commun.

Pour une lettre, on doit employer de grand papier à lettres. N'aurait-on que quelques lignes à écrire, on n'écrit jamais en billet, à moins que ce ne soit d'égal à égal, et qu'il ne soit question que de donner ou de demander un rendez-vous.

La manière la plus simple de plier une lettre est la meilleure et la plus honnête ; tout ce qui est demande ou pétition, doit être mis sous enveloppe et cacheté avec de la cire : on ne doit se servir de pain à cacheter que pour un billet et dans la plus intime familiarité.

La couleur de la cire est à peu près indifférente ; la couleur rouge est cependant la plus honnête : la noire est réservée pour le deuil.

Lorsqu'on présente un placet soi-même, il doit être plié en deux dans sa longueur ; dans toute autre circonstance il ne doit jamais être mis à la poste ; il doit être déposé au secrétariat ou chez le suisse de la personne à laquelle on écrit.

Il est impoli d'affranchir une lettre que l'on écrit à une personne au-dessus de soi, par le rang ou par la fortune, à moins que ce ne soit pour le pays étranger; alors on affranchit jusqu'à la frontière.

Il n'est point décent de mettre une lettre adressée à une autre personne, sous l'enveloppe de celle à laquelle on écrit; on ne peut en user ainsi qu'avec ses égaux, et encore faut-il en demander la permission dans le corps de la lettre.

Si on veut dédier un ouvrage à une personne d'un rang distingué, il faut en solliciter la permission, et ce n'est qu'après avoir obtenu son agrément, que l'on peut mettre sur l'ouvrage : *Dédié à...*

Il faut éviter autant que possible, un *post-scriptum*; il indique toujours un manque d'attention de la part de celui qui écrit.

Il faut laisser une marge de trois doigts, et faire contenir, autant que possible, sa demande dans une seule page; et si l'on est forcé de retourner, commencer la page à la hauteur des premières lignes du *recto*.

Le mot *monseigneur* ou *monsieur* doit être placé hors la ligne, et la lettre ou pétition commencer quatre doigts plus bas.

Il serait impoli de commencer sa demande

par les mots *vous* ou *votre* ; on doit parler à la troisième personne, et le titre de celui auquel on écrit remplace son nom. Les modèles ci-après donneront des exemples.

On ne doit point employer de chiffres dans une lettre, à moins qu'il ne soit question d'une somme déjà citée : alors la première fois elle s'écrit en toutes lettres, et la seconde en chiffres.

Les chiffres servent aussi pour la date de la lettre, qui doit être placée à la fin, et près de la signature.

Lorsque dans le corps d'une lettre, on charge quelqu'un de faire des complimens à son épouse ou à sa sœur, etc., il faut se garder de nommer cette autre personne par son nom. Ainsi l'on ne doit pas dire : *Veuillez faire agréer mes complimens à madame Dumont*, mais : Veuillez faire agréer mes complimens *à madame votre épouse, ou à madame*. De même s'il est question d'un frère, il ne faut pas dire *votre frère*, mais *monsieur votre frère* ; et s'il y en a plusieurs, les distinguer par le titre de leur emploi ou de leur rang, tel que : *monsieur votre frère le sénateur, ou le président* ou *le conseiller d'état*, etc. Quand on écrit à l'épouse d'un maréchal d'empire, on se sert de ces mots : *madame la maréchale N.*

Quand on écrit à un souverain étranger, il faut toujours se servir des titres de *Sire* et de *Majesté*.

Il faut faire entrer dans la première période d'un placet ou d'une pétition, les mots *votre Majesté*, *votre Excellence*, et répéter aussi, sans trop les rapprocher, ceux de *Sire*, *monseigneur*, *madame*, etc.

Il ne faut pas qu'une demande soit sèchement écrite, c'est-à-dire, qu'elle se renferme uniquement dans les termes de son objet : il faut l'entourer de quelques phrases agréables pour la personne que l'on veut intéresser en sa faveur, prises dans les circonstances du rang qu'elle occupe, du bien qu'elle a déjà fait, de son inclination à rendre service, et néanmoins éviter toute emphase et toute basse flatterie.

Cependant il est essentiel de ne pas la faire trop diffuse, et de n'avoir pas à retourner la page, à moins que le sujet de la demande ne l'exige impérieusement.

De la Souscription.

La souscription est la formule dont on se sert pour terminer un placet, une pétition ou une lettre. Les modèles ci-joints serviront d'exemple.

La suscription est la formule que l'on place en tête d'un placet ou d'une pétition, et que l'on répète sur l'enveloppe, en ajoutant *en son palais*, ou *en son hôtel*, sans jamais désigner la rue.

Pour l'Empereur.

A Sa Majesté l'Empereur des Français et Roi d'Italie, protecteur de la Confédération du Rhin, etc. (et plus bas) Sire.

(Pour l'Impératrice.

A Sa Majesté l'Impératrice des Français, Reine d'Italie. (et plus bas) Madame.

Pour Madame Mère.

A Son Altesse Impériale Madame, Mère de Sa Majesté l'Empereur des Français. (Et plus bas) Madame.

Pour les frères de l'Empereur, devenus Souverains.

A Sa Majesté Catholique le Roi d'Espagne et des Indes, Grand-Électeur de l'Empire Français. (Et plus bas) Sire.

Pour le Roi des Deux-Siciles.

A Sa Majesté le Roi des Deux-Siciles, Grand-Amiral de l'Empire Français (Et plus bas) Sire.

Pour le Vice-Roi d'Italie.

A Son Altesse Impériale le Prince de Venise, Vice-Roi d'Italie et Archichancelier d'Etat de l'Empire Français. (Et plus bas) monseigneur.

Pour un Prince de la famille Impériale.

A Son Altesse Impériale Monseigneur le Prince N... (Et plus bas) Monseigneur.

Pour une Princesse de la famille impériale.

A son Altesse Impériale Madame la Princesse N... (Et plus bas) Madame.

Pour un Prince Français Grand-Dignitaire.

A Son Altesse Sérénissime Monseigneur

l'Archichancelier de l'Empire français, duc de Parme. (Et plus bas) Monseigneur.

A Son Altesse Sérénissime Monseigneur l'Architrésorier de l'Empire français, duc de Plaisance. (Et plus bas) Monseigneur.

A Son Altesse Sérénissime le Prince de Neuchâtel et de Wagram, Vice-Connétable de l'Empire français. (Et plus bas) Monseigneur.

A Son Altesse Sérénissime le Prince de Bénévent, Vice-Grand-Electeur de l'Empire français. (Et plus bas) Monseigneur.

Pour les Grands Officiers civils de la Couronne.

A Son Excellence Monseigneur le Grand-Chancelier de la Légion-d'Honneur, Ministre d'Etat. (Et plus bas) Monseigneur.

Nota. Pour les Grands-Officiers civils qui ne sont ni Princes, ni Grands-Dignitaires, on ne se sert que du titre d'Excellence, (et plus bas) Monsieur.

(254)

Idem pour le Grand-Trésorier de la Légion-d'Honneur.

Pour le Secrétaire d'Etat.

A Son Excellence Monseigneur le duc de Bassano, Ministre-Secrétaire d'Etat. (Et plus bas) Monseigneur.

Pour les Ministres.

A Son Excellence Monseigneur le duc de Massa di Carrara, Grand-Juge, Ministre de la Justice. (Et plus bas) Monseigneur.

A Son Excellence Monseigneur le Ministre de...., comte de Montalivet. (Et plus bas) Monseigneur.

Pour le Président du Sénat

A Son Excellence Monseigneur le président du Sénat-Conservateur. (Et plus bas) Monseigneur.

Pour la Commission sénatoriale de la liberté de la presse ou de la liberté individuelle.

A Messieurs les Sénateurs composant (telle commission, et plus bas) Sénateurs.

Pour un Sénateur.

Commencer sa lettre par ces mots : Monsieur le Sénateur ou M. le Comte.

Pour un Conseiller d'Etat.

Commencer par ces mots :
Monsieur le Conseiller d'Etat.

Pour un Membre du Corps Législatif.

Commencer par ce mot : Monsieur (1).

Pour un Inspecteur-Général.

A Son Excellence Monseigneur l'Inspecteur-Général de l'Artillerie, ou, etc. (Et plus bas) Monseigneur.

Pour un Colonel-Général.

A Son Excellence Monseigneur le Colonel-Général des chasseurs à cheval, ou, etc. (Et plus bas) Monseigneur.

Pour le premier Chambellan.

Commencer par ce mot : M. le Comte.

Idem pour le premier Préfet du palais.

Pour un Préfet de Département.

A Monsieur le Préfet du Département de..., etc. (Et plus bas) Monsieur le Préfet. (Ajouter le titre de Comte ou de Baron, s'il est l'un ou l'autre.)

---

(1) Mettre Monsieur le Baron, ou Monsieur le Chevalier, s'il porte l'un de ces titres.

Idem pour un Préfet de police.

Pour un premier Président d'une Cour de Justice.

Commencer par ces mots :
Monsieur le Président.

Pour un Cardinal.

A Son Eminence Monseigneur le Cardinal N... comte ou baron de l'Empire, (Et bas) Monseigneur.

Pour un Archevêque ou un Evêque.

Commencer par ces mots : Monseigneur.

Pour une personne qui n'est pas constituée en dignité, mais à laquelle on doit des égards ou du respect, ou dont on attend une grâce, commencer par ce mot : Monsieur, et quatre doigts plus bas, le corps de la lettre. Avec une personne de rang égal, mettre *Monsieur* après les premiers mots de la lettre. Exemple :

Je viens de recevoir, Monsieur, l'avis, etc.

Pour les souverains étrangers, il ne faut pas mettre :

Votre très-humble et fidèle sujet. N.
Mais bien :

Votre très-humb. et obéis. serviteur. N.

Après avoir indiqué, autant que possible, les différens usages, nous allons joindre les exemples aux préceptes, en offrant des modèles de lettres pour les différens genres de demandes.

~~~~~~~~~~~~~~~~~~~~~~

MODÈLES DE PLACETS, PÉTITIONS ET LETTRES.

Placet à l'Empereur.

A Sa Majesté l'Empereur des Français et Roi d'Italie.

SIRE,

Une épouse désolée se jette aux genoux de *Votre Majesté*, pour implorer la grace de son mari, qu'un jugement équitable, sans doute, mais trop rigoureux, a condamné à perdre la vie. Les lois ont dû le juger coupable ; mais si *Votre Majesté* daigne examiner le procès dans son Conseil privé, j'ose espérer qu'*Elle* y trouvera des circonstances auxquelles sa sensibilité ne résistera pas. La clémence est la vertu des grands Princes : et lorsque *Votre Ma-*

jesté, en montant sur le trône, s'est réservé le droit de faire grace, *Elle* a prouvé qu'*Elle* ne voulait pas renoncer au plus bel appanage d'une couronne que son courage et les bienfaits dont *Elle* comble son peuple lui ont si justement acquise.

SIRE, c'est de vous seul qu'une mère et trois enfans, presque encore au berceau, attendent leur sort. Un seul mot de votre bouche va les réunir à la foule innombrable de ceux qui bénissent chaque jour votre nom.

J'ai l'honneur d'être avec le plus profond respect,

SIRE,

De Votre Majesté Impériale,

La très-humble et très-fidèle sujette, N.

Mettre pour suscription ces mots :

A Sa Majesté l'Empereur des Français et Roi d'Italie.

Placet à l'Impératrice.

A Sa Majesté l'Impératrice des Français et Reine d'Italie.

MADAME,

La bienfaisance est redescendue sur la

terre, et c'est votre cœur qu'elle a choisi pour son trône. Dans cette heureuse assurance, une pauvre veuve, chargée de quatre enfans en bas âge, ose supplier *Votre Majesté* de mettre un terme à sa détresse. Le ciel, en vous plaçant au premier rang, a donné un appui au faible, une consolatrice aux affligés, une mère aux orphelins. Que pourrai-je ajouter de plus pour exciter la sensibilité de *Votre Majesté*, lorsqu'il est prouvé à chaque instant, que tous ses vœux, tous ses efforts ne tendent qu'à faire disparaître le malheur de la surface de son Empire ?

Daignez donc, Madame, prendre en considération l'état déplorable où se trouve plongée, sans qu'il y ait de sa faute, celle qui a l'honneur d'être avec le plus profond respect,

De votre Majesté impériale,

La très-humb. et très-obéis.
sujette, N.

Mettre pour suscription,

A Sa Majesté l'Impératrice des Français et Reine d'Italie.

Placet à son Altesse Impériale Madame, Mère de Sa Majesté l'Empereur et Roi.

A Son Altesse Impériale Madame, Mère de S. M. l'Empereur et Roi.

Madame,

Après le bonheur si grand d'avoir donné le jour à un fils, qui est devenu l'objet de l'admiration de l'univers et celui de l'amour des français, il ne pouvait y avoir de jouissance plus douce pour le cœur de votre *Altesse Impériale*, que d'être nommée par ce digne Héros, la mère des pauvres, et la protectrice du malheur auprès de son Auguste Personne.

C'est à ces deux titres, Madame, qui honorent à la fois et la Mère et le Fils, que j'ose réclamer votre bienfaisance pour une malheureuse mère de famille, qui est sur le point de la voir s'accroître encore. Près de donner un nouveau sujet à l'Etat, elle est dans la plus affreuse détresse. Son mari, ouvrier laborieux et d'une classe estimable, vient d'être privé, il y a quelques mois, des moyens de pourvoir aux besoins de sa famille, par la perte d'un bras.

Les bontés seules de votre *Altesse Impériale* peuvent les arracher au désespoir. Trop borné dans ma fortune, je n'ai pu leur promettre que d'oser être leur intercesseur auprès de votre *Altesse Impériale*. Tant de hardiesse n'a été fondée que sur le nombre de vos bienfaits, et sur le zèle ardent qui vous porte tous les jours à exciter en faveur de l'indigence, la charité des respectables personnes, qui, comme vous, savent faire un si bel emploi des dons de la fortune.

J'ai l'honneur d'être avec le plus profond respect, Madame,

De votre Altesse Impériale,

Le très-humble et très-obéissant serviteur, N...

Mettre pour suscription,

A Son Altesse Impériale Madame, Mère de Sa Majesté l'Empereur et Roi d'Italie.

Placet à un Prince français, Grand-Dignitaire de l'Empire.

A Son Altesse Sérénissisime Monseigneur l'Archichancelier de l'Empire français, duc de Parme, ou, etc.

Monseigneur,

Daignez agréer l'expression de ma reconnaissance pour la protection que votre *Altesse Sérénissime* a bien voulu accorder à mon frère, et au moyen de laquelle il a été réintégré dans un emploi qu'un autre pourrait exercer avec plus de talent peut-être, mais non pas avec plus de zèle et de probité. Croyez que cette nouvelle marque des bontés de votre *Altesse Sérénissime* va redoubler son ardeur à s'en montrer digne. Couvert d'une si puissante égide, il n'aura plus à redouter l'intrigue ni la calomnie. Votre cœur est le siège de l'équité; et si votre aspect fait pâlir le méchant, il rassure et console l'opprimé, et devient pour lui l'aurore du bonheur.

C'est dans les sentimens d'une vive gratitude, que j'ose me dire, avec le plus profond respect,

Monseigneur,
De votre Altesse Sérénissime,
Le très-humble et très-obéissant serviteur,

Mettre pour suscription,

A Son Altesse Sérénissime Monseigneur l'Archichancelier de l'Empire français, duc de Parme, ou etc.

Placet au Grand-Chancelier de la Légion-d'Honneur.

A Son Excellence Monseigneur le Grand-Chancelier de la Légion-d'Honneur, comte de l'Empire.

Monseigneur,

J'ai l'honneur de recommander à la juste protection de *votre Excellence*, et de vous prier de mettre sous les yeux de *Sa Majesté* l'action de bravoure d'un caporal du 19e. régiment des chasseurs à cheval, faisant partie du corps d'armée qui est sous mes ordres. Ce brave homme, à la bataille de...., s'est emparé, seul, d'une pièce de canon, qu'il a enlevée à l'ennemi avec une audace étonnante. Dès qu'il s'est aperçu qu'il en était à-peu-près maître, il a appelé deux de ses camarades qui l'ont aidé à la traîner jusqu'à sa compagnie. C'est sur le rapport de son capitaine, qui a reçu cette pièce, et des deux compagnons de ce beau trait, que je vous certifie cet acte de courage. Je vous demande pour lui la décoration de la Légion-d'Honneur. Ce sera une juste consolation pour ce brave militaire, que les blessures qu'il a reçues dans cette occasion ont privé de son bras droit.

Je joins à la présente le certificat détaillé et signé de tous les officiers de la compagnie, et d'un de mes adjudans, témoin oculaire, et j'ai l'honneur de vous prier de croire que je suis avec le plus profond respect, Monseigneur,

De votre Excellence,

Le très-humble et dévoué serviteur.

Mettre pour suscription.

A Son Excellence Monseigneur le Grand-Chancelier de la Légion-d'Honneur, comte de l'Empire.

Pétition au Grand-Juge Ministre de la Justice, duc de Massa.

A Son Excellence Monseigneur le Grand-Juge, Ministre de la Justice.

Monseigneur.

Le nommé Claude-Cyprien Méjac, natif du département de..., se trouve détenu depuis trois mois dans les prisons de la ville de...., comme complice d'un vol avec effraction. Il ose représenter à *votre Excellence* qu'il n'est rien de plus pénible pour un innocent, que de gémir sous le poids d'une fausse accusation, sans voir luire pour lui le jour de la justification. Sa bonne conduite jusqu'au moment de la dénonciation qui l'a plongé dans les fers, les bons témoignages des personnes les plus probes de sa commune, tout peut déposer en sa faveur.

C'est au nom de l'innocence opprimée, et d'une famille que la détention de son chef prive de ses moyens d'existence et réduit au désespoir, que le suppliant conjure *votre Excellence* d'ordonner qu'il soit mis en jugement le plutôt possible ; sa reconnaissance égalera le profond respect avec lequel il a l'honneur d'être, Monseigneur,

De votre Excellence,

Le très-humble et très-obéissant serviteur.

Mettre pour suscription,

A son Excellence Monseigneur le Grand Juge Ministre de la Justice.

Sixième édition.

Pétition au Ministre de l'Intérieur.

A Son Excellence Monseigneur le Ministre de l'Intérieur, comte de l'Empire.

Monseigneur,

Pierre-Emmanuel-Prosper-Dupont, né à..., âgé de... ans, a l'honneur d'exposer à *Votre Excellence* qu'ayant appris qu'il y avait plusieurs places vacantes à la Bibliothèque de..., il ose solliciter votre protection pour obtenir une de ces places.

Ses moyens, pour exercer cet emploi, consistent dans une bonne éducation, dont le fruit est la connaissance de plusieurs langues, telles que le *grec*, le *latin*, l'*anglais*, l'*italien* etc.

Si votre Excellence daigne agréer sa demande, il se fera un devoir, par son zèle, de se rendre digne de votre puissante protection.

C'est dans ses sentimens qu'il prend la liberté de se dire, avec le plus profond respect,

    Monseigneur de votre Excellence,

Le très-humble et très-obéissant serviteur

Mettre pour suscription,

A Son Excellence Monseigneur le Ministre de l'Intérieur, comte de l'Empire.

Pétition au Ministre des Finances.

A Son Excellence Monseigneur le Ministre des Finances, duc de Gaëte,

Monseigneur,

Jacques-François Méon, propriétaire cultivateur à..., département de..., a l'honneur de représenter à *Votre Excellence*, qu'il a été porté sur le rôle des contributions foncières de l'an... pour la somme de...

Les ravages causés par les inondations et par la grêle qui ont dévasté la commune dans laquelle sont assises ses propriétés, lui ont fait un notable dommage vû la situation de ses biens, et le mettent hors d'état d'acquitter la somme à laquelle il se trouve imposé.

Il supplie donc *Votre Excellence* de prendre en considération la pénible situation d'un père de famille, qui se voit enlever l'espoir de ses travaux par des fléaux inévitables, et d'ordonner la modération de son imposition.

Le réclamant a l'honneur d'être avec le plus profond respect, Monseigneur,

De votre Excellence, le très-humble et très-obéissant serviteur.

Mettre pour suscription,

A Son Excellence Monseigneur le Ministre des Finances, comte de l'Empire, duc de Caëte.

Pétition au Ministre de la Police Générale.

A Son Excellence Monseigneur le Ministre de la police générale, duc de Rovigo.

Monseigneur,

Je prends la liberté de réclamer la protection de *Votre Excellence* en faveur d'un honnête indigent sexagénaire, qui n'a plus de famille qui puisse le soutenir sur ses vieux jours.

Près de se trouver sans pain et sans asyle, il n'a d'espoir de trouver l'un et l'autre que dans un de ces établissemens fondés par la charité bienfaisante pour le secours de la probité dans le besoin.

Le cœur sensible de *Votre Excellence* ne refusera pas, j'en suis certain, d'exercer un acte de justice et d'humanité. C'est dans cette espérance, et rempli des sentimens de la plus haute considération, que j'ai l'honneur d'être avec le plus profond respect, Monseigneur,

De votre Excellence, le très-humble et très-obéissant serviteur,

Mettre pour suscription,

A Son Excellence Monseigneur le Ministre de la police générale, duc de Rovigo.

Nota. Pour les autres Ministres et pour le Secrétaire d'Etat qui a rang de Ministre, on observe les mêmes formalités et on employé les mêmes qualités que dans les modèles ci-dessus, en leur donnant les titres de leurs fonctions.

Pétition au Préfet de Police.

A Monsieur le Conseiller d'Etat Préfet de Police,

Monsieur le Préfet de police,

J'ai eu le malheur de perdre mon portefeuille il y a quelques jours. Je l'ai vainement fait afficher, je n'en ai point eu de nouvelles. Outre le désagrément d'avoir perdu deux billets de banque, j'éprouve encore celui d'être privé de mon passeport. Etranger à Paris, je n'ai d'autre caution à vous offrir que la personne chez laquelle je suis logé, qui est un des plus fort négocians de cette ville, et qui me connaît, ainsi que ma famille, depuis nombre d'années. J'ai rempli toutes les formalités qu'exige la loi ; et j'en joins les pièces à la présente. J'ose donc vous supplier, *Monsieur le Préfet*, de me faire expédier un nouveau passeport, et de me croire, avec la plus haute considération, monsieur le Préfet,

Votre respectueux serviteur.

Mettre pour suscription,

A Monsieur le Conseiller d'état, Préfet de police, comte de l'Empire.

Nota. Si le Préfet n'est point Conseiller d'Etat, on ne lui donne que le titre de Préfet de Police.

Pétition d'un militaire à un Général en chef, Maréchal d'Empire.

A Son Excellence Monseigneur le Maréchal d'Empire N..., Général en chef de l'armée de..., duc de, etc.

Monseigneur,

Un soldat qui a eu l'honneur de servir

sous vos ordres dans toutes les campagnes d'Italie, d'Egypte et d'Allemagne, et à qui quelques actions de courage et la bienveillance de ses chefs ont valu d'honorables distinctions, s'adresse avec confiance à *Votre Excellence* pour obtenir son traitement de retraite. Ce n'est qu'à regret qu'il demande à quitter les rangs des *Braves*; mais les blessures qu'il a reçues dans sa dernière campagne, le mettent totalement hors de service. Au moins, en rentrant dans ses foyers, aura-t-il la consolation de dire à sa famille les illustres hauts-faits qui vous ont distingué, votre sang-froid dans les périls, votre humanité pour le soldat, qui vous a toujours regardé comme son père, et les bontés dont vous avez daigné honorer

 Votre très-humble et dévoué serviteur,
N., soldat au..., compagnie.

Mettre pour suscription,

A son Excellence Monseigneur le Maréchal d'Empire N..., Général en chef de l'armée de..

Pétition à un Préfet de Département.

A monsieur le Préfet du Département de...

Lorsque le Préfet est Conseiller d'État ou Maître des Requêtes, etc., il faut écrire : A Monsieur le Conseiller d'État, etc., etc., Préfet du département de...

Monsieur le Préfet,

En vertu d'un arrêté pris par le conseil de préfecture, pour la confection d'un chemin vicinal conduisant de... (tel endroit) à... (tel endroit), ma propriété éprouve une diminution de 65 perches. Vos commissaires n'ayant évalué cette diminution qu'à 50 perches, l'indemnité que la loi m'accorde se trouverait portée à un cinquième de moins qu'elle ne doit l'être. Persuadé qu'il n'entre point dans vos intentions de soutenir une telle injustice, j'attends de votre équité que vous voudrez bien nommer de nouveaux commissaires, qui prennent les intérêts du Gouvernement sans léser les droits des particuliers.

C'est dans cette confiance que votre noble conduite m'a toujours inspirée, que j'ai l'honneur d'être, avec le plus profond respect, Monsieur le Préfet,

Votre très-humble serviteur, etc.

Mettre pour suscription,

A monsieur le Préfet du Département de...

Lettre à un Sénateur.

Monsieur le Comte,

Ce que vous avez daigné m'écrire d'avantageux sur la conduite de mon fils, me flatte d'autant plus, qu'en acceptant vos bontés pour lui, je craignais que la légèreté qu'il avait montrée jusqu'alors ne le rendît incapable de répondre aux vues que vous aviez sur ce jeune homme. Si je pouvais modérer la joie que me cause une si agréable nouvelle, je croirais que votre indulgence s'aveugle elle-même sur les imperfections du fils, pour ménager la sensibilité du père; mais quand je songe que vous daignez lui servir de Mentor, et que l'influence de vos vertus ne peut qu'agir efficacement sur tout ce qui vous entoure, toutes mes frayeurs se dissipent, et je ne puis que bénir l'heureux jour où vous daignâtes honorer ma famille de votre bienfaisante protection.

J'ai l'honneur d'être avec la plus vive reconnaissance.

Votre très-respectueux serviteur
Mettre pour suscription,

A monsieur,
monsieur le comte N..., Sénateur.

Lettre à un Conseiller d'État, Comte de l'Empire.

Monsieur le Conseiller d'État,

La dernière fois que j'eus l'honneur de vous voir, vous eûtes la bonté de me promettre de vous charger du rapport de mon affaire, dont la décision appartient au conseil d'état. Je prends la liberté de me rappeler à votre souvenir, et de vous répéter que de cette décision dépend la fortune et le bonheur d'une famille qui tomberait dans la plus profonde indigence si cette ressource lui était enlevée.

Je ne doute pas d'après les protestations de service que vous avez daigné me faire, que vous preniez mes intérêts avec toute la chaleur que peut inspirer une cause aussi juste que celle d'un homme qui a l'honneur d'être avec la plus haute considération,

Monsieur le comte, votre, etc.

Mettre pour suscription,

A Monsieur, monsieur N..., Conseiller d'état, Comte de l'Empire.

Lettre à un Ambassadeur Français.

A Son Excellence,
Monsieur l'Ambassadeur de S. M. I. près S. M. Catholique le roi d'Espagne et des Indes.

Monsieur l'Ambassadeur,

Tout le monde, excepté votre Excellence, s'attendait à la confiance dont S. M. I. vient de vous honorer. Votre modestie pouvait seule vous faire douter d'un tel honneur; mais cette défiance de votre propre mérite a dû cesser, lorsque *Sa Majesté a daigné vous dire que vous étiez l'homme de son choix, et que si elle en connaissait un plus honnête et plus capable, il aurait eu la préférence.* Une expression aussi honorable des sentimens du Chef auguste de l'état, en votre faveur, ne peut qu'accroître le zèle que vous avez toujours montré pour son service, et confirmer les honnêtes gens dans la bonne opinion qu'ils avaient de vos talens. Daignez placer au nombre de ces derniers celui qui a l'honneur d'être avec le plus profond respect,

Monsieur l'Ambassadeur,

De votre Excellence,

  le très-humble serviteur.

Mettre pour suscription,

A Son Excellence Monsieur l'Ambassadeur de S. M. I. près S. M. Catholique le roi d'Espagne et des Indes.

Placet à un Cardinal.

A Son Eminence Monseigneur le Cardinal N...,

Monseigneur le Cardinal,

J'ai reçu depuis peu des nouvelles de mon neveu, qui me charge de témoigner à *Votre Eminence* combien il est reconnaissant de la Cure que vous avez bien voulu lui faire obtenir. Je ne doute pas qu'il ne se soit déjà acquitté par lui-même d'un si juste devoir, mais je pense qu'en me chargeant d'être son interprète auprès de vous, il aura voulu me procurer l'occasion de joindre mes actions de grâce aux siennes. Combien en effet n'en ai-je pas à rendre à *Votre Eminence*, pour la signalée protection dont vous avez daigné nous honorer ? Tant de bontés, *Monseigneur*, n'ont rien d'étonnant pour ceux qui connaissent les qualités de votre esprit et les vertus de votre cœur, mais elle n'ont fait qu'accroître les sentimens de vénération avec lesquels

J'ai l'honneur d'être, monseigneur,
De votre Eminence, le respectueux serviteur.

Mettre pour suscription,
A son Eminence monseigneur le cardinal N.

Lettre à un Archevêque ou à un Evêque.

MONSEIGNEUR,

Je sais que ce serait mal faire sa cour à *Votre Grandeur*, que de la féliciter sur sa nomination à (l'archevêché ou à l'évêché de...). Votre humilité recevrait mal de semblables complimens. Mais, cependant, vous ne sauriez empêcher vos Diocésains de témoigner la joie qu'ils ressentent de vous avoir pour pasteur. Les Pauvres considèrent d'avance en vous un tendre père, sans cesse occupé de leurs besoins; et les fidèles, un guide dans le sentier épineux de la Foi. Permettez-moi, *Monseigneur*, de joindre ma faible voix à celle de tous ceux que votre exemple et vos vertus vont affermir plus que jamais dans les principes de notre sainte religion.

J'ai l'honneur d'être avec le plus profond respect, Monseigneur,

De votre Grandeur,

Le très-humble et soumis serviteur.

Mettre pour souscription,

A Monseigneur,

Monseigneur l'Archevêque de..... ou Evêque de.... (1).

Lettre à un Premier Président.

MONSIEUR LE PREMIER PRÉSIDENT.

Sa Majesté, en vous nommant aux fonctions importantes que vous allez exercer, a bien prouvé la sollicitude paternelle dont elle est toujours agitée pour le bonheur de ses sujets. Sa prudence éclairée a su vous distinguer, malgré votre modestie, et vous choisir dans la foule des hommes qui courent la carrière honorable des lois. Vous voilà revêtu du pouvoir de rendre la justice, mais ce pouvoir si saint, si révéré, ne sera, entre vos mains, terrible qu'aux méchans,

---

(1) Les Archevêques ont le titre de comtes de l'Empire, et les Evêques celui de barons.

et toujours propice à la vertu opprimée. Vous serez dans cette place l'appui de l'innocence, le consolateur des malheureux et le père de l'orphelin.

Ce n'est donc pas à vous seulement qu'il faut adresser des félicitations, mais encore à tous ceux chez qui votre nomination va faire naître l'espoir de voir siéger sur le trône de Thémis la justice et la bienfaisance.

J'ai l'honneur d'être avec la plus haute considération,

Votre respectueux serviteur.

Mettre pour suscription,

A Monsieur,

Monsieur le premier Président de la Cour Impériale de...

TROISIÈME PARTIE.

Après avoir indiqué les titres et qualités des Souverains et des Grands Dignitaires ; après avoir tracé les modèles des différens genres de demandes et pétitions, ilue nous reste plus qu'à donner quelques idées sur le style des lettres particulières.

Une lettre tient la place d'une conversation; le style doit donc en être simple, naturel, et s'approcher, autant que possible, de la familiarité. Voltaire écrivait à M. de Cideville :

« Comment va votre santé? je vous en
» prie, mandez-le moi : vous pouvez comp-
» ter que je m'y intéresse comme une de
» vos maitresses : mais, *si vales, macte*
» *animo*, et pour Dieu, faites ce troisième
» acte, et que je ne dise point : *Ultima*
» *primis non bene respondent*. On a lu Ju-
» les-César devant dix jésuites : ils en pen-
» sent comme vous ; mais nos jeunes-gens
» de la cour ne goûtent en aucune façon ces
» mœurs stoïques et dures. J'ai un peu tra-
» vaillé *Eryphile*, et j'espère la faire jouer à la
» S.-Martin. Je menai hier M. de Crébillon
» chez M. le duc de Richelieu: il nous a récité
» des morceaux de son *Catilina* qui m'ont
» paru très-beaux. Il est honteux qu'on le
» laisse dans la misère : *Laudatur et alget*.
» Savez-vous que M. de Chauvelin, le maî-
» tre des requêtes, fait travailler à une tra-

» duction de M. de Thou? Je crois vous
» l'avoir déjà mandé. Ce jeune homme se
» fait adorer de la gent littéraire.

» Adieu, mon cher ami, en vous remer-
» ciant des deux corrections à la *Henriade*.
» M. de Formont me les avait mandées :
» elles sont très-judicieuses. *Vale.* »

Il est difficile de joindre plus de simplicité à plus de précision.

Les premiers vers de l'Epître d'Héloïse à
Abailard, par Colardeau, offrent à eux seuls
un traité du style épistolaire. Nous nous
faisons un plaisir de les citer.

Ecris-moi, je le veux : ce commerce enchanteur,
Aimable épanchement de l'esprit et du cœur,
Cet art de conserver sans se voir, sans s'entendre,
Ce muet entretien, si charmant et si tendre,
L'art d'écrire, Abailard, fut sans doute inventé
Par l'amante captive et l'amant agité.
Tout vit par la chaleur d'une lettre éloquente:
Le sentiment se peint sous les doigts d'une amante,
Son cœur s'y développe…

Cependant il est mille nuances différentes à observer, et qui demandent beaucoup
de délicatesse, de goût et d'usage du monde. Avant d'écrire, il faut bien songer à sa
situation et à celle de celui auquel on va
écrire, examiner les rapports de convenan-

ces, rassembler ses idées, ensuite laisser aller sa plume.

Balzac, Bussi-Rabutin, Fléchier, Voiture, Racine, J.-B. Rousseau, l'inimitable madame de Sévigné, madame de La Fayette, et l'universel Voltaire, nous offrent, en ce genre de littérature, des modèles précieux. C'est en les étudiant qu'on peut parvenir à ce naturel de diction, à cet art de trouver juste le mot propre à ce qu'on veut exprimer.

Faites-vous un compliment de condoléance? pleurez avec celui que vous voulez consoler; que le désordre de vos idées peigne le trouble de votre ame.

Remerciez-vous d'une grace, d'une faveur, d'une place obtenue, du succès d'une demande quelconque? que la reconnaissance guide votre plume; mais éloignez les expressions fades, ces locutions de tous les jours; laissez parler votre cœur : sachez être vous.

Voulez-vous être plaisant, gai? soyez-le sans mauvais goût, sans trivialité : ce genre est peut-être celui qui exige le plus d'esprit. Voltaire, que nous nous plaisons à citer, Voltaire, qui écrivait avec autant de facilité une scène de tragédie, un chapitre de Newton et un billet chez madame du Châtelet, excellait dans ce genre. Citons une de ses lettres à madame de Fontaine, à Paris.

« Mon aimable nièce, j'étais bien malade
» quand votre sœur avait l'honneur d'être
» entre les mains du premier médecin du
» roi très-chrétien. Je crois que nous avions
» encore, madame Denis et moi, un peu
» du poison de Francfort dans les veines;
» mais je crois aussi notre chère Denis un
» peu gourmande; et l'on raccommode
» avec du régime ce que les soupers ont
» gâté. Mais chez moi on ne raccommode
» rien, parce qu'il a plu à la nature de me
» donner l'esprit prompt et la chair faible.

» Vous vous portez donc bien, ma chère
» nièce, puisque vous avez la main ferme
» et libre, et que vous êtes devenue un pe-
» tit Callot, un petit Tempest. Je me flatte
» que vos dessins ne sont pas faits pour un
» oratoire, et qu'ils me réjouiront la vue.
» Dieu bénisse une famille qui cultive tous

» les arts ! Je serai enchanté de vous em-
» brasser, mais où et quand ?

» Peignez-vous d'après le nu, madame,
» et avez-vous des modèles ? Quand vou-
» drez-vous peindre un vieux malade em-
» mitouflé, avec une plume dans une main
» et de la rhubarbe dans l'autre, entre un
» médecin et un secrétaire, avec des livres
» et une seringue, donnez-moi la préfé-
» rence.

» Connaissez-vous messieurs Corringius,
» Vitriarius, Struvius, Spenner, Godstall,
» et autres messieurs du bel air ? Ce sont
» ceux qui broyent actuellement mes cou-
» leurs. Vous peignez des choses agréables
» d'une main légère, et moi des sottises
» graves d'une main appesantie.

» Je baise vos belles mains, et je décras-
» serai les miennes quand je vous verrai;
» vous ne me dites rien du conseiller; faites-
» lui bien mes complimens. »

Nous allons essayer de donner un modèle de lettre pour chacune des circonstances qu'il est possible de prévoir. Après les
citations que nous venons de faire, nous de-
vous réclamer l'indulgence, et le désir que

nous avons d'être utile doit peut-être nous la mériter.

Nous ferons précéder chaque exemple d'une courte digression, et nous diviserons ce petit travail en cinq articles.

ARTICLE PREMIER.

De la considération des personnes.

Il n'y a personne qui ne conçoive de lui-même qu'il doit écrire aux grands, et à d'autres dont il reconnaît la supériorité à son égard, autrement qu'il ne ferait à un égal; mais il y a beaucoup de gens qui ne font pas assez d'attention aux rapports qu'il peut y avoir entr'eux, et ceux à qui ils écrivent, et l'on en voit plusieurs qui n'ont aucun égard aux qualités d'autrui.

Le détail où l'on va entrer là-dessus, ne doit pas paraître effrayant: l'esprit considère en un moment ce qu'on ne peut indiquer ici qu'en beaucoup de paroles.

1°. Les rapports qu'il peut y avoir entre celui qui écrit et la personne à qui il écrit. En est-on connu? A-t-on coutume de lui écrire? En est-on regardé comme ami? Ne s'imagine-t-il pas, au contraire, qu'on est son ennemi? et même n'a-t-il pas sujet de le penser, ou du moins ne croit-il pas qu'on est indifférent à son égard? On doit encore considérer les rapports de l'âge, ceux de la parenté, et dans l'examen de la supériorité d'autrui, on fait attention, non seulement à la naissance et au rang, mais aux richesses, au mérite et au crédit.

Je dis *au crédit*, parce qu'il y a des personnes à qui l'on doit des égards particuliers, à cause du bonheur qu'ils ont d'approcher les grands, et d'en être écoutés. On les voit souvent comblés d'honnêtetés, non seulement par leurs égaux, mais par ceux à qui ils doivent se croire eux-mêmes très-inférieurs: ce serait donc s'exposer à se faire tort, que de les traiter avec une familiarité à laquelle ils ne sont point accoutumés.

Je dis encore *aux richesses*: elles ne donnent point de rang; mais combien de gens supposent qu'elles en donnent! L'opinion tient en cette occasion la place de la vérité: d'ailleurs la vanité est la compagne presque inséparable des richesses; et les gens riches se croyent toujours au-dessus des personnes de leur rang qui ont beaucoup moins de biens qu'eux.

A l'égard *du mérite*, il n'est pas toujours connu; mais quand on l'a découvert, on doit lui rendre hommage.

2°. Les qualités de celui à qui on écrit. Est-ce un homme d'une haute naissance, d'un rang distingué? ou, au contraire a-t-il un grand nom, ou bien est-ce un homme obscur? A-t-il beaucoup d'affaires ou beaucoup de loisirs? Est-il sérieux et grave, ou d'une humeur enjouée, d'un caractère doux ou colère, fier ou humain, d'un commerce aisé ou difficile et pointilleux? Ces différentes qualités obligent à plus ou moins de circonspection : on est concis avec les personnes fort occupées, et réservé avec les sérieuses; on traite les grands avec respect, quoique sans bassesse; et comme ils ont toujours beaucoup d'amusemens, on en use avec eux de même qu'avec les gens qui ont beaucoup d'occupations; on ménage la délicatesse des uns, on profite avec modération de la facilité des autres, on se proportionne à tous les caractères.

Quand on écrit à une personne dont on n'est point connu.

On est souvent obligé de faire des excuses, quand on écrit à une personne dont on n'est point connu, ou dont on est regardé comme ennemi. Le premier mouvement de quiconque ouvre une lettre écrite par une main inconnue, est de jeter les yeux sur la signature, et s'il y voit le nom d'une personne qu'il ne connaisse pas, ou contre laquelle il soit prévenu, le moins qu'il y ait à craindre, c'est qu'il ne refuse son attention à ce qu'il va lire. Il y a des hommes fiers de leur naissance, de leur rang, de leurs grands biens, quelquefois même de leurs talens ; ils ne manqueront presque jamais de concevoir du mépris pour l'inconnu qui leur écrit, et pour sa lettre. D'autres en qui la haine est comme naturelle, s'irriteront à la seule vue d'une personne dont ils se croient offensés. On ne saurait prévenir ces mauvais sentimens, mais le premier soin doit être de les détruire, et c'est par là que l'on commencera lettre.

Si l'on veut donc écrire à une personne à peu près égale, avec qui l'on n'ait point encore d'habitudes, on lui dira en peu de mots, suivant les circonstances, qu'on espère qu'elle ne désapprouvera pas la liberté que l'on prend de lui écrire, sans avoir l'honneur d'être connu de lui, ayant été encouragé de le faire par la connaissance de ses vertus, de son penchant à obliger, de son habileté dans les choses sur lesquelles on souhaite prendre ses avis, etc. C'est ici la place de faire valoir les liaisons que l'on a avec quelques-uns de ses parens ou de ses amis; au défaut des siens, on parlera de celles de ses proches. Une commune patrie, une conformité de profession, d'études, on met tout cela à profit, et l'on n'oublie rien de ce qui est propre à gagner la bienveillance de celui à qui l'on écrit.

Ces avis ne conviennent pas sans doute à qui voudrait demander quelque grâce à une personne à qui il serait absolument inconnu, et qui n'aurait point d'autre titre pour la demander que son propre besoin;

rien ne l'autorisant à écrire, on n'a aussi rien à dire de la manière dont il écrira.

Quelques-uns des moyens qu'on vient d'indiquer pour prévenir en sa faveur, s'emploieront avec succès auprès d'une personne d'un rang supérieur dont on n'est pas connu, pourvu qu'on les présente avec les ménagemens convenables. On pourra se faire un mérite, par exemple, d'être connu de ceux de ses parens qui figurent dans le monde, à peu près comme lui; mais ce serait manquer de prudence que de vanter les services qu'on leur a rendus ou qu'on leur peut rendre. Si l'on est obligé d'en parler, comme il arrive quelquefois, on doit le faire avec toute la réserve possible, et en termes généraux, de zèle, d'empressement à mériter l'honneur de leurs bonnes grâces, ou de leur protection, etc. Autrement il semblerait que l'on voulût charger celui à qui l'on écrit, de la reconnaissance due par ses proches, ou lui faire payer d'avance les services dont ils pourront avoir besoin.

On a bien plus beau jeu à parler des obligations qu'on leur a; il n'est question que de les exagérer autant qu'on le peut, sans blesser la vérité : en se montrant sensible aux bienfaits, on en attire de nouveaux.

« Il y a d'autres considérations du côté des familles, toutes propres à mettre en œuvre dans ces commencemens de lettres. Vous êtes d'une famille dévouée depuis long-tems à celle de la personne à qui vous écrivez, et qui, en toutes rencontres, a retiré de grands avantages de sa protection : vous regardez cette protection comme la plus précieuse portion de l'héritage que vous ont laissé vos parens, etc. Les attachemens particuliers, s'il y en a eu, ne seront pas oubliés.

« Enfin, c'est quelque chose auprès de certains grands, que d'être nés dans l'étendue de leurs seigneuries; et avec un peu d'adresse on se servira utilement de cette circonstance pour les engager à faire attention à ce qu'ils vont lire.

« Quelque inconnu que l'on soit, on n'est pas obligé à tant de façons, quand celui à qui on écrit, retirera un avantage certain des services qu'on demande de lui; comme quand on charge quelqu'un d'une affaire dont il pourra exiger le paiement. On entre d'abord en matière, si l'on veut; mais il est mieux encore de lui faire entendre auparavant, d'une manière obligeante, qu'on a été porté à lui confier ses intérêts par la connaissance de l'honneur avec lequel il exerce sa profession.

Un homme d'esprit ne manquera pas de prévenir, de la même manière, celui à qui il écrit dans la vue de l'engager à former avec lui des liaisons d'intérêt. Enfin, dès qu'on écrit à quelqu'un dont on n'est point connu pour lui demander une grâce, ou quelque autre chose que ce soit, à quoi il n'est pas obligé, et qu'il peut ne pas faire, il est de la prudence de le disposer, par des traits obligeans et des manières insinuantes, à faire ce qu'on souhaite, et à le faire avec affection. Mais il faut se souvenir que ce n'est qu'une préparation, un début, qu'on ne saurait être trop concis, et que si on se répand en paroles inutiles, on aura fatigué le lecteur avant que de l'avoir amené au fait.

Ce ne sont plus les mêmes formalités quand on a occasion d'écrire pour un sujet non indifférent à quelqu'un dont on n'est pas connu ; quand on est chargé, par exemple, de lui faire part d'une nouvelle qui l'intéresse, ou bien quand on veut le féliciter de de quelque heureux succès. Dans ce dernier cas, il serait ridicule d'écrire, si l'on ne pouvait se faire connaître, ni insinuer aucune raison plausible de la part que l'on prend à la satisfaction d'autrui ; ce qui oblige à commencer la lettre par cette insinuation, si l'on ne peut la joindre au compliment ; de telle sorte qu'elle ne fasse qu'une même chose avec ce compliment. Mais dans le premier cas, la qualité d'inconnu oblige seulement à faire entendre, avec simplicité, qu'on ne s'est point fait de fête de mander, sur-tout une mauvaise nouvelle ; et il n'importe en quel endroit de la lettre on le fasse.

Il y a d'autres rencontres où l'on écrit à des personnes dont on n'est point connu, et même qu'on ne connaît pas. Vous vous mariez, et votre future épouse a ses parens absens, à qui la bienséance, ou peut-être des vues, soit prochaines, soit éloignées d'intérêt ou de bienséance, vous obligent de témoigner que vous regardez l'honneur de leur alliance comme un des avantages de votre établissement, ou bien vous êtes subordonné à une personne à qui vous êtes engagé par le devoir de votre charge, à rendre compte de votre conduite, ou d'un certain ordre d'événemens qui le regardent. Les excuses seraient ridicules en ces rencontres, où la négligence à écrire serait inexcusable : on vient d'abord au fait, et l'on se fait connaître simplement pour ce qu'on est. Voilà ce que que j'avais à dire des circonstances où l'on écrit à quelqu'un dont on n'est point connu, et des précautions qu'elles obligent à prendre.

Quand on écrit à une personne qu'on a offensée.

A l'égard des personnes que l'on a offensées, le moyen le plus simple pour les appaiser, est d'avouer sa faute, et d'en montrer du regret; mais si la vérité permet de l'imputer à sa jeunesse, ou à quelque prévention, rien n'empêche d'user de ces excuses, et l'on pourrait même insinuer à celui à qui l'on écrit, qu'il y a eu quelque tort de sa part, si l'on se sentait assez d'habileté pour toucher un point si délicat, sans renouveller l'offense. Au reste, l'on doit mettre au nombre des personnes offensées, toutes celles qui ont été instruites de la mauvaise conduite de quelqu'un ; il ne gagnerait rien sur elles, qu'après leur avoir donné une meilleure opinion de lui.

Quand on écrit pour la première fois à quelqu'un.

Que si l'on écrit pour la première fois à quelqu'un, on doit, suivant les conjectures, le faire ressouvenir des liaisons qu'on avait anciennement avec lui, ou lui faire observer son exactitude à la promesse qu'on lui a faite d'écrire ; ou débuter, au contraire, par des excuses vraisemblables, de ce qu'on n'a pas cultivé son amitié.

ARTICLE II.

Des lettres dont le sujet regarde celui qui écrit.

Les lettres dont le sujet regarde celui qui écrit, sont celles où il donne part à quelqu'un de ce qu'il a fait, ou de ce qui lui est arrivé, et celles où il se propose d'obtenir d'autrui quelque chose que ce puisse être.

Il faut toujours parler de soi-même avec beaucoup de modestie et de simplicité, sans relever le mérite de ses actions, à moins qu'on n'y soit contraint; et l'on doit surtout éviter de se comparer avec autrui. Les règles qu'on pourrait indiquer sur ce point, seront les mêmes que la bienséance prescrit pour la conversation; tout ce qu'il y a de différence, consiste en ce qu'on en pardonne d'autant moins le violement dans les lettres, qu'il est plus aisé de se tenir en garde contre la vanité en écrivant. La briéveté est requise dans ces écrits; ceux qui sont allongés par le détail de toutes les circonstances, décèlent l'amour propre de l'écrivain, et choquent celui du lecteur.

Les personnes sages se gardent bien d'attribuer les heureux succès à leur mérite; il y en a toujours d'autres causes, et ce sont celles que l'on touche : la bonté de dieu, la protection d'un grand, la bienveillance d'un ami, etc. On ne paraît digne de son bonheur, que quand on ne montre pas qu'on s'en croit digne.

On se plaint aussi avec simplicité, sans exagérer son malheur ou l'injustice qu'on a soufferte, et sans faire trop valoir les services que l'on a rendus à celui de qui on se plaint. On montre en même tems de la confiance à celui à qui l'on écrit, pour s'autoriser à lui faire part de ses inquiétudes et de ses peines.

Lettres de Prières.

Les lettres de prières se diversifient à l'infini. On écrit librement à un ami, dont on souhaite prendre l'avis dans une affaire mais si l'on demande conseil à une personne avec qui l'on ait moins de liaison, il est nécessaire de lui faire entendre qu'on le regarde comme l'homme du monde le plus capable d'éclaircir nos doutes et de dissiper nos incertitudes : on ajoute, quand il es convenable, qu'étant instruit de la bonté avec laquelle il se communique à tout le monde, on espère qu'il ne refusera pas ses lumières à une personne qui l'honore : on lui promet de la déférence à ses avis, de la reconnaissance, etc.

Il faut encore plus de ménagement dans

les lettres où l'on demande des choses qui sont accompagnées de quelque honte, comme lorsqu'on emprunte; ou si nous avions fait quelque faute, et que nous voulussions engager quelqu'un à nous réconcilier avec ceux que notre mauvaise conduite aurait offensés.

En général, il est à propos de parler de ce qu'on demande comme de quelque chose de considérable, quoiqu'il ne le soit pas toujours; et quand il est question de choses difficiles, non seulement il ne faut pas en dissimuler la difficulté, mais on doit faire voir au contraire qu'on la connaît: on montre par-là qu'on en aura plus d'obligation.

Par la même raison, on touche si légèrement les services qu'on a rendus aux personnes de qui l'on veut obtenir quelque grâce, qu'à peine paraît-on y penser, au lieu que si on ne leur a rendu aucun service, on relève, par cette circonstance-là même, le mérite et l'importance de celui qu'on recevra d'eux.

S'il doit revenir à celui à qui l'on écrit, quelque avantage du service qu'on lui demande, on doit se contenter de le lui faire entrevoir, et l'on évitera l'ostentation jusque dans les protestations de reconnaissance, en promettant beaucoup plus de son zèle que de son crédit et de son pouvoir. Rien n'est moins supportable dans une lettre de prière, que la hauteur, quand on paraît commander ce que l'on souhaite, plutôt que de le demander comme une grâce : on ne la pardonne pas même aux supérieurs, et l'on ne manque guère de les en punir en les refusant, quand on le peut faire en sûreté.

S'il est question d'une chose importante, on doit s'insinuer avec adresse, et préparer à la demande qu'on va faire par quelques traits obligeans et flatteurs. Rien n'est plus efficace en cette rencontre, que de rappeler en général les grâces qu'on a reçues de quelqu'un, comme si elles autorisaient à en demander de nouvelles. La confiance particulière qu'on a en lui, le désir de lui être plus étroitement attaché, la haute idée que l'on a de son crédit, et maintes autres considérations qui varient suivant les circonstances, s'emploient avec succès :

il sera aisé de le découvrir par ses propres réflexions. Au reste, on en use plus librement avec un ami. Ce serait même l'offenser que de le prier avec trop d'affectation, parce qu'on lui donnerait lieu de croire qu'on ne l'aime guère, ou que l'on a peu de confiance en son amitié.

Lettres où l'on demande l'amitié de quelqu'un.

Il y a d'autres lettres qui ne contiennent pas de demandes particulières; on prie seulement celui à qui on écrit de nous accorder son amitié. La flatterie est presque toujours nécessaire en ce genre, toutefois on doit en écarter soigneusement les apparences : il faut aussi éviter ce qui pourrait faire croire que nous avons nos intérêts en vue dans cette recherche; et si on ne peut se dispenser de le faire un peu, on le fera avec toute la circonspection possible, de crainte de se rendre odieux par le moyen même qu'on emploie pour se faire aimer.

ARTICLE III.

Des lettres dont le sujet regarde celui à qui l'on écrit.

Lettres officieuses.

Les lettres dont le sujet touche particulièrement celui à qui l'on écrit, se rapportent à différens chefs. Il y en a qu'on peut appeler officieuses; on les écrit à des amis pour leur offrir ses services; l'on y est quelquefois obligé, parce qu'il y a des personnes qui ont besoin qu'on les prévienne, et que la honte empêche de parler les premières.

Si vous avez un ami de ce caractère, montrez-lui que vous faites beaucoup de cas de son amitié, et priez-le de vous donner le moyen de l'en convaincre par vos services : dites-lui que vous ne le croiriez pas votre ami, s'il en employait un autre que vous dans les occasions où vous pouvez lui être utile, et que vous seriez extrêmement sensible à cette marque de défiance. On en use à peu près de même avec les autres amis de la discrétion desquels on est assuré : on renouvelle les offres de service dans la plûpart des lettres qu'on a occasion de leur écrire.

Lettres de Consolation.

Rien n'est plus ordinaire que d'être obligé à consoler ses amis. On le fait quelquefois simplement, en montrant à celui à qui l'on écrit qu'il ne doit pas être fort sensible à l'événement qui l'afflige; mais on n'en use ainsi qu'avec des personnes dont on connaît le courage, et que la douleur n'a pas accablées : il faut plus d'adresse à l'égard du commun des hommes; et pour réussir à les consoler, on est obligé d'entrer dans leurs sentimens, de se les rendre propres, et de les disposer à croire que l'on songe moins à les soulager, qu'à se soulager soi-même. Faites-leur donc entendre, qu'ayant besoin comme eux de consolation, vous venez chercher le soulagement de votre douleur, en pleurant avec eux; montrez que cette douleur est juste, exagérez même, s'il le faut, soit la perte qu'ils ont faite, ou tel autre accident que ce puisse être; et s'il est question d'une de ces disgraces dont on peut dire à quélqu'un qu'il ne la méritait pas, insinuez-vous, en disant cela, même dans le cœur de votre ami. N'oubliez pas d'ajouter, si vous le pouvez, que plusieurs personnes se montrent sensibles à son malheur, et nommez-les. Après cela, vous pourrez entreprendre de le consoler par des réflexions amenées avec adresse, et qui n'aient rien de contraire à la vraisemblance.

Mon dessein n'est point de rassembler ici toutes les sources de consolations ; il faudrait, pour cela, décrire les différentes sortes de malheurs qui peuvent ariver aux hommes. En voici quelques-unes des plus ordinaires, que je me contente d'indiquer.

Êtes-vous tombé en défaveur ? ce mal ne saurait être de longue durée ; vous pourrez même en retirer de grands avantages dans la suite. Celui qui vous a fait cette injure, s'est fait beaucoup plus de tort qu'à vous ; et tous les honnêtes gens le méprisent. Votre disgrace n'a servi qu'à faire briller davantage votre mérite. La cause en est glorieuse. Vous ne vous l'êtes pas du moins attirée par votre faute. La même chose est arrivée à de grands hommes.

On fait envisager dans les maladies leur utilité à l'ame; et s'il est question de la mort de quelqu'un, on tire des éloges mêmes qu'on lui a donnés au commencement, le motif de la consolation, en espérant que Dieu récompensera sa vertu dans le sein de sa gloire.

On exhorte ensuite à la grandeur d'ame, à la soumission aux ordres de la providence, etc. et l'on finit par les offres les plus affectueuses de service.

On se présente un peu autrement aux personnes qui affectent beaucoup de force d'esprit : on leur dit que l'on a une trop haute opinion de leur sagesse pour entreprendre de les consoler, que ce qui leur est arrivé, serait véritablement capable d'accabler une ame commune; mais que leur vertu les rendant supérieurs à tous les accidens, loin de vouloir soulager leur douleur, on ne se propose que de les féliciter d'une grandeur d'ame si rare : c'est par là qu'on les prépare à recevoir la consolation qu'on veut leur donner. Au reste, il ne doit y avoir rien d'impérieux, ni de dogmatique et de trop recherché dans les réflexions ; et ce serait extrêmement s'oublier, que de faire mention dans ces lettres de notre propre bonheur ou de celui d'autrui.

Lettres de félicitation.

Comme on diminue la douleur d'autrui en y prenant part, de même on augmente sa joie des heureux succès, en montrant qu'on y est sensible. On se permet l'exagération dans les lettres de félicitation, de même que dans les précédentes : c'est le cœur qui y parle, ou qui paraît y parler.

Il y a des sujets simples, sur lesquels on ne doit pas s'étendre beaucoup, tels que l'heureux retour d'un ami, la naissance d'un fils, le gain d'un procès qui n'avait rien de particulier dans son espèce, ou dans ses circonstances, etc. Il y en a d'autres auxquels on doit s'arrêter si on veut obliger celui à qui on écrit. S'est-il marié ? félicitez-le de s'être procuré une aimable société ; et si vous connaissez son épouse, louez sa beauté, son esprit, sa vivacité, sa douceur, en un mot, tout ce qui peut paraître louable en elle, faites-lui envisager, au cas que vous le puissiez, l'appui qu'il trouvera dans la famille à laquelle il s'est allié; et si l'on peut présumer que cette alliance sera avantageuse à l'une et à l'autre famille, n'oubliez pas cette circonstance. Au défaut de cela, voyez si les bonnes qualités des parens de son épouse ne vous autorisent pas à les représenter comme autant d'amis constans, généreux et fidèles, qu'il s'est acquis. Donnez-lui quelques louanges à lui-même, et prenez-en occasion de féliciter son épouse; souhaitez-leur, annoncez-leur toutes sortes de prospérités.

S'agit-il du gain d'un procès de grande importance? rappelez-vous en toutes les circonstances dans votre esprit, pour faire valoir les plus avantageuses; la puissance et la malice des ennemis qu'il a vaincus, la réparation solemnelle de son honneur injustement attaqué, la confusion dont il a couvert ceux qui cherchaient à le perdre, l'accès que son mérite lui a procuré auprès des juges, le zèle de ses amis, les applaudissemens des honnêtes gens.

Quand on veut faire compliment à quelqu'un de son élévation, on s'étend sur ces considérations; l'importance de la charge; l'empressement de plusieurs personnes pour l'obtenir; qu'il ne l'a point recherchée; qu'il la tient d'un prince qui sait, mieux qu'homme du monde, connaître et récompenser le mérite; qu'il l'a obtenue contre son espérance, etc. On ajoute quelquefois qu'elle est au-dessous de son mérite; qu'on ne la regarde que comme un acheminement à une plus grande élévation, et les souhaits ne sont pas oubliés en cet endroit.

Il y a une manière oblique de complimenter une personne sur son élévation, que l'on emploie souvent avec succès, lorsqu'on lui dit qu'on ne veut point l'en féliciter, parce qu'il fait plus d'honneur à la charge dont il est revêtu, qu'il n'en reçoit; ou bien quand on déclare que la connaissance de sa vertu et de sa modestie ne permet pas de lui faire compliment d'une dignité à laquelle il est indifférent lui-même, et dont il envisage bien moins l'honneur que les devoirs; toutefois, qu'on s'en réjouit parce qu'il y a plus de moyens d'exercer ses vertus et ses grands talens pour l'utilité publique.

Que si l'on veut faire compliment à un général, sur le gain d'une bataille, on doit avoir égard à ces différentes circonstances : est-ce sa première victoire ? ou en a-t-il remporté d'autres ? Avait-il plus ou moins de troupes que l'ennemi ? A-t-il le commandement depuis peu de tems, où l'Empereur l'avait-il déjà mis à la tête de ses armées ? Nos armées étaient-elles heureuses ou malheureuses auparavant ? Le général qu'il a combattu, était-il d'un grand nom, et avait-il remporté des victoires ? Les événemens même peuvent faire penser à d'autres circonstances, que les personnes d'esprit ne manquent pas de relever.

Lettres de louanges.

Toutes ces lettres contiennent des éloges, et l'on pourrait y rapporter toutes celles où on loue quelqu'un ; j'aime mieux néanmoins traiter à part des lettres de louanges. Ce qu'on doit y observer avec le plus de soin, c'est d'éviter les apparences de la flatterie : on ne prend plaisir aux louanges, que quand on croit les mériter; il faut prendre garde aussi de louer en autrui, ce qu'il ne veut pas qu'on y loue. Il y a des lettres de louanges d'un père à son fils, d'un maître à son domestique : elles sont fort simples; on montre de la satisfaction de leur conduite, on les exhorte à continuer, on leur fait espérer des marques de bonté, de libéralité, etc.

Lettres de remercîment.

On doit remercier les personnes dont on a reçu quelque service qu'on n'avait pas droit d'exiger. Pour le faire avec succès, on exagère le bienfait par toutes les circonstances qui peuvent le rendre considérable : on vous a prévenu, on vous l'a accordé sans difficulté et sans délai; vous l'avez obtenu le plus à propos du monde : on vous a plus accordé que vous n'aviez osé demander; on vous a surpris, et vous ne vous y attendiez nullement; vous êtes charmé d'en avoir obligation à la personne du monde que vous honorez et que vous aimez le plus; il vous a préféré à ses alliés, à ses propres parens; il a bien voulu, en votre faveur, mécontenter des personnes puissantes et accréditées. Par ce détail, on montre que l'on comprend la grandeur du bienfait, qu'on exagère aussi par sa nature, s'il est de ceux qu'on a plus de peine à accorder, comme une gratification considérable, ou un prêt d'argent fait à celui dont les affaires sont très-dérangées. Si en vous obligeant on a obligé d'autres personnes, nous n'omettrons pas cette circonstance, et nous assurerons de notre reconnaissance avec modestie, et sans nous faire valoir.

Il y a une manière détournée de remercier comme de faire compliment, quand on dit que le bienfait est trop grand pour pouvoir en rendre des actions de grâces dans les termes ordinaires, et lorsqu'on déclare à quelqu'un que l'étroite amitié dont on est lié avec lui, ou bien l'habitude où l'on est de recevoir de lui des bienfaits, ne permet pas de le remercier.

Lettres de conseil.

Il y a deux sortes de lettres de conseil, dont la première est, quand un ami vous a prié de l'aider de votre avis. La prudence n'empêche pas seulement de donner conseil sur les choses dont on est pas suffisamment instruit; elle oblige aussi à dire son avis avec un air de timidité, et à montrer que l'on appréhende de n'avoir pas considéré la chose dont il est question par toutes ses faces, ou d'être trompé par de fausses lueurs: on fait aussi envisager la part que la fortune peut avoir dans une affaire, afin de n'être pas responsable de l'événement; en un mot, dès qu'il s'agit de choses douteuses, on est continuellement en garde, et contre sa propre présomption, et contre le ressentiment qu'un ami pourrait avoir d'un conseil qui ne serait pas suivi d'un succès.

L'autre sorte est de ces lettres qu'on peut appeler de morale, où l'on ose quelquefois reprendre autrui, et l'avertir de se corriger de quelque défaut. On ne le doit presque jamais faire sans adoucir la réprimande par des éloges: après avoir décrit les bonnes qualités de celui avec qui vous prenez cette liberté, dites-lui que vous ne pouvez voir sans douleur, que l'éclat de tant de vertus soit terni par le vice qu'on a remarqué en lui; imputez ce vice à la jeunesse, à l'inexpérience;

montrez même, s'il est possible, qu'il y a quelque chose de louable dans son principe. Le ton dogmatique ne convient pas en ces rencontres; l'affection, le zèle pour l'honneur de celui qu'on reprend, doit régler les expressions et les tours : s'il convient de le prier d'user de la même liberté à votre égard, ne manquez pas de le faire, et souvenez-vous toujours que vous écrivez à une personne à qui vous faites profession d'être attaché.

Il y a des rencontres où l'on veut reprendre les grands : ce qui convient à très-peu de personnes : on le fait ordinairement en les louant des vertus opposées aux vices dont on souhaite qu'ils se corrigent.

Quand les avertissemens ne sont point accompagnés de réprimandes, afin de les donner avec succès, il est souvent à propos de s'établir une sorte d'autorité qui n'ait rien d'offensant : on la fonde, cette autorité, sur son âge, sur son expérience, sur l'application particulière qu'on a donnée à certaines matières : on s'offre à celui à qui l'on donne des avis, on l'assure de son zèle, on prévoit ses progrès dans le chemin de l'honneur et de la gloire.

Lettres de persuasion.

Les lettres de persuasion ne sont pas différentes de celles dont je viens de parler : si je les en sépare, ce n'est que pour avertir que, suivant les sujets, on emploie différentes manières de s'insinuer dans l'esprit et dans le cœur de celui à qui on écrit; car il arrive souvent qu'au lieu de prendre une espèce d'autorité sur lui, on doit lui faire entendre que l'on a une très-haute opinion de sa sagesse, et que l'on sait qu'il n'a pas besoin des conseils d'autrui; mais que l'amitié dont on est lié avec lui, ou les obligations qu'on lui a, mettent dans la nécessité de lui représenter, avec liberté, des choses d'où l'on croit que dépend son bonheur ou sa gloire. L'utile, l'honnête et l'agréable, sont les trois principales sources d'où dérive la persuasion; mais il faut s'en instruire dans les livres qui traitent de ces matières.

Lettres d'exhortation.

L'exhortation ne diffère de la persuasion,

qu'en ce qu'elle exige des traits plus forts, plus de vivacité dans les pensées, et une plus grande variété dans les tours : on l'emploie avec les personnes qui connaissent le bien, mais à qui l'on appréhende que le courage ne manque. Pour les animer, on relève, si on le peut, les mérite des belles actions qu'ils ont déjà faites, et on leur fait envisager la gloire qu'ils se procureront, les maux dont ils se garantiront, les espérances que l'on a conçues d'eux, l'attention de leurs ennemis à leurs démarches; on leur met tout cela sous les yeux, et on leur montre les personnes de leur âge, de leur rang, avec qui ils marchent ou doivent marcher dans la même carrière de l'honneur. On adoucit en même tems l'exhortation, en insinuant qu'on est très-éloigné de croire que celui à qui on écrit en ait besoin; on le prie d'excuser une importunité qui ne vient que d'un zèle peut-être indiscret pour sa gloire : ou bien on feint que ne pensant d'abord à rien de semblable, on a été entrainé, on ne sait comment, par son affection, à lui donner des avis dont on sait qu'il a moins de besoin que personne. On finit ordinairement ces lettres par les souhaits les plus obligeans.

Lerttes de dissuasion.

Les lettres de dissuasion sont, par rapport aux insinuations, à quoi je m'attache principalement, de même genre que celles de conseil et de persuasion, c'est-à-dire que, suivant les conjectures, on se flatte au contraire, celui à qui l'on écrit, en lui attribuant une sagesse, une pénétration singulière, et en montrant beaucoup plus d'affection que d'empressement à lui donner des avis dont on est persuadé qu'il n'a pas besoin.

Comme la dissuasion est contraire à la persuasion, elle emploie aussi des moyens contraires : on fait envisager les dangers, la honte attachée à une action; et s'il ne s'agit pas d'une chose honteuse en elle-même, mais d'une entreprise trop difficile, on en expose les difficultés, et l'on montre les suites du mauvais succès. Il y a des personnes à qui l'on peut représenter l'inquiétude de leurs parens et de leurs amis qui appréhendent qu'ils ne puissent fournir la carrière où ils veulent entrer; mais il y en a d'autres qu'on ne fait qu'animer par des remontrances de ce genre, surtout si on les leur fait directement : il faut paraître d'abord approuver leurs vues et leurs desseins, si on veut les en détourner. On voit par là que rien n'est plus difficile que de donner un bon conseil et de le donner bien, puisqu'afin de réussir à l'un et à l'autre, il faut connaître, et la nature des choses, et le caractère de celui à qui on écrit.

Lettre de reproches.

Les lettres de reproches sont d'un genre très-différent : il y en a dont l'objet est de peu d'importance, et l'on y proportionne le reproche, soit en le tournant en raillerie, soit en tempérant l'amertume par quelques louanges, et en excusant l'intention. Que s'il est question de choses graves, on ménage plus ou moins ceux à qui on écrit, suivant le besoin qu'on peut avoir d'eux, et les raisons que l'on a de retenir leur amitié, ou de ne les point trop aliéner. On les plaint plutôt qu'on ne les blâme ; on déplore son malheur de n'avoir pu les convaincre de son attachement, ou de la justice de ses prétentions; on leur dit qu'on croyait cependant n'avoir rien omis de ce qui pouvait les en instruire : on les prie de ne se point offenser de plaintes échappées à une juste douleur; avec les autres on en use plus librement; mais on leur fait entendre en termes presque durs, qu'on y est forcé par leur mauvaise conduite : on leur représente celle qu'on a tenue à leur égard, on les rappelle au témoignage de leur propre conscience; et si on le juge à propos, on leur laisse entrevoir qu'ils peuvent encore espérer de se réconcilier avec nous.

Je ne dis rien des invectives adressées à un ennemi déclaré : si quelqu'un a besoin de s'exercer dans cet art, il peut consulter les rhéteurs.

Lettres d'affaires.

A l'égard des lettres d'affaires, leur caractère est la précision et la clarté. Avant que d'écrire, on doit examiner l'affaire que l'on a à traiter, revêtue de toutes les circonstances qui en peuvent changer la face, afin de les exposer nettement et avec ordre; on n'y demande point d'autre art.

ARTICLE IV.

Des lettres dont le sujet regarde un tiers.

Ces lettres sont de trois sortes : dans les unes on se plaint de quelqu'un ; on se propose dans les autres de lui obtenir le pardon, ou de le réconcilier avec ceux avec qui il est brouillé ; les troisièmes sont celles où l'on recommande un ami.

Lettres de plaintes.

Si l'on veut se plaindre de quelqu'un, avant que de le faire, on doit prendre garde, 1°. à la nature de la chose ; 2°. au caractère et au rang de celui à qui l'on veut se plaindre ; 3°. aux liaisons qu'on a avec lui, ou qu'il a avec celui dont on est mécontent. Il y a des choses dont on a quelque honte de se plaindre, comme quand on a été trompé par une personne à qui l'on a donné sa confiance, malgré ses amis ou ses parens, ou dont on a continué de se servir, après en avoir été déjà trompé ; cette honte doit paraître, et l'on ne peut se dispenser de s'excuser par des raisons vraisemblables, ou d'avouer sa faute. De plus quoiqu'en tout sujet de plainte on doive montrer de la douleur, afin de se faire croire, on doit néanmoins se plaindre avec plus ou moins de force, à proportion de la grandeur de l'injure. La considération des personnes oblige à différentes insinuations : on n'en a pas besoin avec un ami ; mais si vous avez peu de liaison avec quelqu'un, vous devez lui exposer les raisons particulières que vous avez de vous plaindre ; et s'il est ami de celui dont vous êtes mécontent, vous devez vous excuser, et montrer une espèce de nécessité de l'importuner, fondée sur la crainte qu'il ne soit surpris par un rapport infidèle, et sur d'autres considérations pareilles. On pratique la même chose avec les grands ; on fait l'éloge de leur amour pour la justice, on leur représente son attachement ou celui de sa famille à leur maison, etc. Ces lettres doivent êtres courtes, et l'on doit y mesurer tellement ses expressions et ses tours, que l'on ne paraisse ni vains ni emporté.

Lettre d'intercession.

Si l'on est obligé d'écrire en faveur d'une

personne qui soit tombée dans une faute connue, on ne peut rien faire de mieux que d'avouer cette faute avec un air de franchise, mais on l'affaiblit ensuite par toutes les considérations possibles, soit en faisant remarquer la jeunesse de celui qui y est tombé, soit en l'attribuant à l'inexpérience, soit en la rejetant en partie sur autrui, soit enfin en observant que c'est sa première faute. On représente le regret, la honte qu'il en a ; on fait l'éloge de ses belles qualités : on rappelle le souvenir de ce qu'il a fait de louable, on donne de bonnes espérances de lui pour l'avenir, on s'en fait caution, et, s'il convient, on interpose son autorité. Il y a des lettres où l'on se propose de réconcilier des amis dans des circonstances à peu près semblables : il y en a d'autres où la faute de celui en faveur de qui on écrit n'est qu'apparente, comme lorsqu'il a préféré à quelqu'un un plus ancien ami, un allié, une personne d'une famille attachée depuis long-tems à la sienne, ou qui lui a été recommandée par des personnes puissantes, dont la protection lui est nécessaire. Il arrive souvent que celui aux intérêts duquel on n'a pas eu égard dans ces circonstances, s'en offense ; et il faut beaucoup d'adresse pour l'obliger à rendre son amitié à celui dont il est mécontent. Ne niez pas absolument que votre ami ait quelque tort, excusez-le plutôt que de le défendre ; faites comprendre qu'il n'a pu faire autrement ; prenez sur vous ce qu'il peut y avoir d'offensant; et si votre condition vous le permet, déclarez que vous voulez connaître à ce prix l'attachement que l'on a pour vous. S'il n'y a pas même de faute apparente de la part de celui contre qui on est offensé, vous vous conformerez, en écrivant en sa faveur, aux égards que vous pouvez devoir au rang, à l'âge, à la condition de celui qui s'est brouillé avec lui sans raison, pour employer l'autorité, les insinuations ou les prières, pour flatter les uns, et reprendre les autres avec plus ou moins de sévérité.

Lettres de recommandation.

Les lettres de recommandation sont d'un usage très-ordinaire : voici ce qu'on y peut traiter : que nous sommes engagés par de

13 *

puissantes raisons à recommander quelqu'un, parce que nous lui avons de grandes obligations; parce que nous sommes liés avec lui d'une étroite amitié; parce qu'il est d'une famille très-unie à la nôtre; parce que nous l'avons toujours aimé, et qu'il nous a cultivé soigneusement; parce qu'il est notre proche parent ou notre allié; parce qu'il est cher à des personnes à qui nous sommes infiniment redevables, ou que nous voudrions obliger d'une manière particulière, ou parce qu'enfin ses excellentes qualités nous l'ont fait aimer, et doivent lui donner accès auprès des honnêtes gens. On n'oublie pas l'estime qu'il fait de celui à qui on écrit, et l'on parle aussi, mais avec beaucoup de ménagement, de ses services ou de ceux de ses ancêtres: on montre de la confiance, et dans les affaires de grande importance, on inspire une sorte de sollicitude, en faisant entendre à celui à qui on écrit, qu'on n'espère qu'en lui seul, et qu'on n'a recours qu'à lui.

On s'étend encore sur les considérations suivantes: qu'il est digne d'un homme de bien de s'intéresser dans cette affaire; que c'est une action de piété ; qu'elle lui fera infiniment honneur ; qu'il en retirera des avantages considérables ; qu'il acquerrera par là un grand nombre d'amis. On lui promet de la reconnaissance, tant en son nom qu'au nom de celui pour qui on s'intéresse, et on lui offre ses services.

Il y a des rencontres où l'on recommande avec moins d'appareil : on dit même qu'on ne recommande pas celui dont on écrit, on prie seulement de vouloir le connaître ; c'est un service que nous voulons rendre à celui à qui nous écrivons ; nous sommes assurés qu'il nous remerciera de lui avoir procuré cette connaissance. On se livre quelquefois à son enjouement, quand on sait que l'on réussira mieux par cette voie : quelquefois aussi on est obligé de recourir aux insinuations, et de commencer sa lettre par là ; son ancien attachement, ou à la personne à qui l'on écrit, ou à sa famille, la confiance en sa générosité, l'importance de l'affaire, l'intérêt personnel qu'on y a : c'est ainsi que l'on dispose les grands, et ceux avec qui on n'est pas bien familier ; d'autre fois on débute par la connaissance qu'ont beaucoup de personnes de nos liaisons avec celui à qui nous écrivons, et ce début convient sur-tout à ceux à qui nous avons déjà recommandé beaucoup de personnes.

Quand on recommande par lettre une personne qu'on a déjà recommandée de vive voix, on a coutume de rappeler le souvenir de la première recommandation, mais de telle sorte qu'on ne paraisse pas croire que celui à qui on écrit l'ait oubliée : il est assez ordinaire, en cette occasion, de s'excuser sur les instances de celui pour qui on s'intéresse, ou sur la part que l'on se croit obligé de prendre à la chose. Si l'on veut exposer de nouveau l'affaire, on a recours à l'adresse, et l'on feint qu'on a omis quelque chose d'important, qu'on ne fait remarquer qu'après avoir rappelé tout le reste, comme n'en voulant point parler.

ARTICLE V.

Des Réponses.

Il est de l'honnêteté de répondre de suite à la lettre qu'on vous adresse : une réponse doit suivre de près la lettre qui l'a provoquée. Il est d'usage de rappeler la date de la lettre à laquelle on répond. « Je me hâte » de répondre à votre lettre du... — En » réponse à votre lettre du..., etc. »

On doit faire attention principalement à deux choses dans les réponses : à ce qu'on nous a écrit, et à l'esprit dans lequel on l'écrit, afin de régler ses sentimens là-dessus ; car il y a des choses dont on ne s'offense point, quelqu'offensantes qu'elles soient en elles-mêmes, à cause qu'elles viennent d'une personne dont les intentions sont droites, comme il y en a d'autres dont on doit se méfier, d'autant plus qu'elles ont une apparence plus flatteuse, parce que ce sont des pièges qu'on nous tend.

Le plus grand art des réponses aux lettres par lesquelles on veut nous surprendre, consiste à laisser ignorer que nous nous apercevons de ce dessein. On ne doit pourtant pas toujours user de cette dissimulation, et il y a des rencontres où l'on doit montrer à un homme qu'on le connaît, surtout quand on peut l'intimider, ou que l'on sait qu'il s'arrêtera aussitôt qu'il se verra découvert. Or, dans ce cas-là, on répond avec simplicité et en peu de mots ; on ne dit que ce qui est absolument nécessaire, et même on supprime, si l'on peut, tout ce qui a rapport à l'affaire où l'on appréhende de la surprise. On ne doit pas perdre de vue cette maxime, en répondant à la plus grande partie des lettres de condoléance ou de consolation, à l'occasion d'une injustice que l'on croit avoir soufferte ; il n'y en a point auxquelles on doive répondre avec plus de circonspection qu'à celles où l'injustice est plus exagérée et où l'on nous flatte davantage.

A l'égard des réponses aux lettres qui ne sont point écrites avec artifice, il y en a de tant de sortes, qu'il est difficile d'en faire l'énumération ; je ne parlerai que des principales.

Les réponses aux lettres de consolation consistent en remercîmens ; on déclare qu'on est très-sensible à la part qu'un ami prend à notre douleur ; et si la consolation vient d'un supérieur, on en montre encore plus de reconnaissance : on ajoute quelquefois que le mal est trop grand pour s'en consoler, et quelquefois aussi on montre ;

mais en peu de mots, la faiblesse des raisons par lesquelles on a voulu combattre notre douleur; on va même plus loin avec une personne avec qui on est libre, quand sa consolation a été indiscrète, et qu'il s'est moins attaché à établir le calme dans notre cœur qu'à nous blâmer dans notre trouble. Cicéron disait, en pareille rencontre à Atticus : « Je ne reconnais point là votre ami-
» tié pour moi, je vous croyais plus sensi-
» ble à ma perte, je m'imaginais même que
» personne ne pouvait vous en consoler. »
Nous pouvons en dire autant.

En répondant aux lettres de félicitation, montrez le plaisir que vous ressentez de la part que l'on prend à ce qui vous est arrivé, offrez vos services, demandez la continuation de l'amitié.

Il faut aussi remercier des louanges; mais on doit, en même tems, les rejeter avec adresse : on nous a peints, non tels que nous sommes, mais tels que nous devons être; ce sont nos devoirs qu'on a voulu représenter d'une manière obligeante; le portrait qu'on a fait de nous est un modèle auquel on souhaite que nous nous rendions semblable; on nous a montré ce qu'on attend de nous, et nous comprenons combien il est difficile de remplir de si grandes espérances : nous ferons néanmoins tous nos efforts pour nous rendre dignes de ces éloges, et cent autres traits que l'on trouve partout.

Si l'on répond à une lettre de reproches, ou l'on avoue ingénuement la faute, ou l'on se justifie ; et cette justification est modeste ou vive, suivant les circonstances. On dit à l'un, que, bien qu'on ne soit point coupable, on lui est néanmoins obligé, soit parce qu'il nous montre par là même une affection singulière, ou parce qu'il paraît avoir suspendu son jugement jusqu'à ce que nous l'ayons informé de ce qui s'est passé : on reproche au contraire à l'autre, qu'il croit trop aisément ce qui nous est désavantageux ; qu'il y a trop d'aigreur dans ses reproches, etc.

On témoigne de la reconnaissance pour les conseils et les exhortations, et dans toutes les réponses de ce genre, comme aussi en répondant aux lettres de prière et de recommandation, on doit avoir une attention singulière à se montrer sensible à l'amitié, sans ostentation, et sans vouloir relever le prix de ses actions.

Lettres familières sur toutes sortes de sujets.

Lettre de félicitation du marquis de *** à M. le Colonel.

Je viens d'apprendre avec une extrême joie, l'honneur que vous avez reçu de S. M. l'Empereur. Quoique vous ayez sujet d'être content, vous n'en demeurerez pas là assurément; je le souhaite et je l'espère pour l'intérêt de ma cousine (1), et pour celui de votre famille. Quand les grâces ont pris un chemin, elles ne le quittent presque plus, aussi bien que les persécutions. Pour moi, si je n'ai point du tout sujet de me louer de ma fortune, j'aurai au moins, en dépit d'elle, le plaisir de me réjouir de celle de mes parens et de mes amis, comme je fais aujourd'hui de la vôtre, monsieur, en vous assurant qu'on ne peut être à vous plus que j'y suis, etc., etc.

---

(1) On change ce mot selon les circonstances.

Lettre de félicitation à monsieur...,
maréchal de France.

Monseigneur,

Quelque immense que soit l'intervalle qui est entre vous et moi, je ne puis m'empêcher de joindre ma voix à tout ce qu'il y a de gens équitables, et qui se font un plaisir de voir le mérite récompensé. L'Empereur, dont la conduite s'attire tous les jours tant de bénédictions, les va faire redoubler par la justice qu'il vous a rendue; et comme il n'y a personne aussi qui ne soit redevable à S. M. de l'estime dont elle vous honore, des maréchaux de France qui ont été faits, voici, Monseigneur, quel est le jugement qu'il plaît à Paris d'en faire. On dit que l'un doit cette dignité à sa naissance, l'autre à sa valeur, un autre à son expérience, celui-ci à son zèle, celui-là à sa vigilance, et cet autre à sa sagesse, et que vous avez vous seul ce que les autres ont tous ensemble. En un mot, monseigneur, je ne puis vous mieux témoigner combien vous êtes aimé, que par la joie universelle que cause le nouveau titre que vous avez. Pour moi, à qui le ciel ne veut point donner de joie parfaite, j'ai le malheur d'être retenu dans ma chambre par une indisposition qui me désole, non parce qu'elle me fait souffrir, mais pour l'honneur qu'elle me dérobe de vous aller dire de plus près la part que je prends à votre vertu, non moins véritable que la profonde et respectueuse reconnoissance avec laquelle je serai jusqu'au dernier moment de ma vie,

Monseigneur, Votre, etc.

Pour féliciter un ami sur une récompense de services qu'il a reçue.

Monsieur,

Il faut avouer qu'il y a autant de gloire que de vertu à servir un prince aussi grand que le vôtre. Rien n'échappe à ses yeux, et tôt ou tard il rend justice au mérite. Vous en avez reçu des preuves dans l'emploi dont il vient de vous honorer, et vous avez encore cet avantage, que tout le public loue le choix qu'il a fait de votre personne. La joie qu'il en montre augmente la mienne, et je vous puis assurer qu'elle est difficile à concevoir. Votre fortune a changé, mais je ne crains pas que votre cœur change, et je me flatte d'y avoir toujours la même part, quoique je n'en sois pas digne. C'est par là, monsieur, que vous trouverez encore plus de plaisir à m'en gratifier; car je connais votre générosité, et je suis ravi quand je vois que votre élévation va faire éclater vos vertus, et les mettre dans un plus beau jour; et qu'augmentant encore vos efforts et l'estime du Souverain, elle vous servira de degré pour monter au comble des honneurs. Pour moi, je n'en connais point qui soient au-dessus de celui que je puis recevoir en me qualifiant, monsieur, de

Votre, etc.

Pour féliciter un lieutenant-général d'armée sur cette dignité, qu'il a acquise par une grande action.

Monsieur,

Ce n'est pas d'aujourd'hui que vous nous avez instruit de ce que vous valez; vous vous êtes signalé par une longue suite de belles actions qui nous en ont été des preuves continuelles. Il semblait, après cela, que votre valeur fut arrivée à son dernier période, et qu'on n'en dût plus rien attendre. Mais de quel effort l'amour de la gloire ne rend-il pas un cœur capable? Vous nous avez fait voir que le passé n'était qu'un prélude de l'avenir; que ce que nous appellions grandeur de courage, n'en était que les prémices; et qu'enfin ces glorieux exploits ne devaient passer à nos yeux que pour un faible essai des coups étonnans, ou plutôt des prodiges que vous venez de faire. Il n'y avait qu'un Prince aussi grand que le nôtre, qui fût capable d'en connaître le prix, et de leur rendre toute la justice qui leur est due. C'est ce qu'il a fait, lorsqu'il lui a plu de vous honorer du commandement de ses armées. Quelles plus fortes marques pouvait-il vous donner de son estime et de sa confiance, qu'en vous mettant entre les mains cet important dépôt; et n'est-ce pas vous avoir en quelque façon communiqué sa grandeur et sa puissance, que de vous avoir choisi pour en être un des meilleurs appuis et un des principaux défenseurs? La gloire qu'il y aura d'apprendre sous vous à combattre dignement pour son Souverain, augmentera tous les jours le nombre de ses guerriers et de ses victoires. C'est là toute l'ambition qui vous possède, et moi je n'en ai point d'autre que celle de vous suivre dans cette noble carrière, et par là, de relever encore l'honneur que j'ai d'être, etc.

Félicitations à un ami sur une charge qu'il vient d'obtenir.

Monsieur,

J'ai appris que votre vertu reçoit la récompense qui lui est due et que vous exercez à présent la charge de N., à laquelle vous faites plus d'honneur qu'elle ne vous en fait, puisque vous êtes digne de la plus illustre de l'Empire. Quand la fortune ferait tous ses efforts pour vous combler d'honneurs, elle ne satisferait pas mes désirs, et, quand elle vous éleverait au plus haut degré de la gloire, elle vous donnerait beaucoup moins que vous ne méritez. J'espère, de notre amitié, que ces nobles occupations, auxquelles votre dignité vous attache, ne m'effaceront point de votre souvenir, puisque j'ai toujours été, et que je serai toute ma vie, etc.

Lettre de recommandation.

Votre mérite, monsieur, aussi bien que votre qualité, vous rendent si recommandable et si nécessaire à vos amis, qu'ils sont toujours en état de vous importuner. Cette lettre vous prouvera cette vérité, par la prière que je vous fais, d'aider de votre protection celui qui en est le porteur : c'est un Chevalier plein de mérite, que vous ne serez point fâché d'avoir obligé, et qui ne sera point ingrat. Je vous prie de vouloir bien faire pour mon ami tout ce que vous feriez pour moi-même en pareille occasion.

Je suis, etc.

Réponse.

Tout ce qui me vient de votre part, monsieur, m'est fort agréable, particulièrement les personnes de qualité et de mérite, comme paraît être le Chevalier que vous m'avez envoyé : en effet, il est très-honnête homme, et ses manières m'ont extrêmement plu. Son père, d'ailleurs, m'était fort connu ; il avait exercé avec honneur une petite charge dans une de mes terres, et j'avais beaucoup regretté cet honnête homme. Je travaillerai autant que je pourrai à son avancement, et je ne doute pas que je ne réussisse en mon dessein : je vous en écrirai le succès, et j'emploierai le peu que j'ai de crédit pour le contentement de votre ami, et pour vous faire connaître que je suis sans réserve, etc.

Lettre pour recommander ses affaires.

Je sais, monsieur, à quel point mes intérêts vous sont chers : les bons offices que vous m'avez rendus dans une infinité d'occasions, ne me permettent pas d'en douter. Il faut néanmoins que je vous recommande l'affaire dont vous avez bien voulu prendre soin, comme si j'étais moins persuadé de votre affection. Vous êtes si prévenu que j'ai raison, et mon avocat m'a promis si souvent devant vous un heureux succès, que vous pourriez vous reposer un peu trop sur cette confiance. Vous connaissez mes parties ; vous savez que ce sont des gens qui ne cherchent qu'à me surprendre. On me dit, dans ce pays, qu'il y a dans la procédure certaines subtilités qui se moquent du bon droit : souffrez donc, monsieur, que je vous prie de voir mon procureur le plus souvent qu'il vous sera possible, et d'avoir les yeux à tout, puisqu'il s'agit de la plus grande partie de mon bien. Je suis, etc.

FIN.

Sixième édition.

TABLE DES MATIERES

CONTENUES DANS CET OUVRAGE.

PREMIÈRE PARTIE.

De l'Étiquette.	Page 1
Extrait du cérémonial du Palais impérial.	2
Observations générales sur les présentations.	6
Cérémonial pour la réception des ambassadeurs.	8
Cérémonial lors de la naissance d'un Prince du sang royal.	18
Cérémonial observé lors du mariage de S. A. E. le prince de Bade avec S. A. I. la princesse Stéphanie.	29
Cérémonial observé lors de la signature du contrat, de l'acte civil et de la célébration du mariage de S. A. I. le prince Jérôme.	46
Cérémonial de ce Mariage.	65
Programme des fêtes.	102
Relation du baptême du roi de Rome.	106

Deuil de cour. 122
Etymologie et origine des titres et qualités. 125
Sénatus consulte organique, concernant la régence de l'Empire. 129
Statuts impériaux relatifs au royaume de Naples et de Sicile, aux duchés de Berg et de Clèves, et de Guastalla, et à la principauté de Neuchâtel. 156
Titre Ier. De l'état des Princes et Princesses de la Maison impériale. 163
Titre II. Des actes relatifs à l'état des Princes et Princesses de la Maison impériale. 167
Titre III. De l'éducation des Princes et Princesses de la Maison impériale. 171
Titre IV. Du pouvoir de surveillance, de discipline et de police que l'Empereur exerce dans l'intérieur de sa famille. 173
Titre V. Du conseil de famille. 174
Titre VI. Des dispositions du présent statut qui sont applicables aux Princes de l'Empire, titulaires des grandes dignités. 177
Sénatus-Consulte relatif à l'échange ou aliénation des biens composant la dotation des duchés relevant de l'Empire Français, ou autres héréditaires. 193
Décret impérial portant création des titres de Prince, d'Altesse Sérénissime, de Duc

de l'Empire, de Comte, de Baron et de
Chevalier. 198
Décret impérial concernant les majorats. 203
Titre Ier. Des formes à suivre de la part de ceux qui sont autorisés à transmettre leurs titres en formant un majorat. 205
Titre II. Des formes à suivre pour les majorats créés, soit de propre mouvement, soit sur la demande de ceux qui n'ont pas le droit de requérir la transmission. 214
Titre III. Des effets de la création des majorats. 217
Titre IV. De l'autorisation d'aliéner les biens affectés aux majorats; des formes de cette aliénation, et du remploi. 224
Titre V. Dispositions générales. 229
Décret impérial concernant la formation, l'instruction et la suite des demandes en création des majorats. 231
Décret concernant les droits d'enregistrement et de transcriptions des actes relatifs à l'institution des majorats. 236
Décret relatif aux majorats dans le royaume d'Italie. 239
Décret impérial relatif aux majorats. 244

SECONDE PARTIE.

Observations sur le cérémonial des lettres,

placets et pétitions à écrire aux personnes
de la cour. 246
Modèles de placets, pétitions et lettres. 267

FIN DE LA TABLE.

www.ingramcontent.com/pod-product-compliance
Lightning Source LLC
Chambersburg PA
CBHW060331170426
43202CB00014B/2737